KB010075

착한
왕초보영어

토마스와
최은서의

착한 왕초보영어

저자 | 최은서, 토마스 프레드릭슨

발행인의 말

열세 번째　왕초보 영어

열두 번째　팝송 영어

열한 번째　서비스 영어

열　번째　(업그레이드 된) 기초영어 회화

아홉 번째　(관용어와 격언의) 미국영어 회화

여덟 번째　(A, B, C부터) 기초영어 첫걸음

일곱 번째　(교재용) 여행영어회화

여섯 번째　(뉴욕 1년간 생활기록) 생활영어

다섯 번째　(매우 기초적인) 영문법

네　번째　(남미 5개국 여행편) 여행영어일기

세　번째　(한 단어, 두 단어, 세 단어로 이루어진) 1-2-3 쉬운 생활영어

두　번째　(틀린 영문 간판을 찾아라) 영어 파파라치

첫　번째　(포켓판) 여행영어

진명 착한 영어 시리즈 12권을 집필한 토마스와 그 시리즈 책으로
현장에서 오랫동안 영어를 가르쳐온 최은서 선생님의 『착한 왕초보영어』를 환영합니다.
시중에 나와 있는 다른 왕초보 영어책들과 비교해 보신 후 선택해 주십시오.
자신 있게 권해 드립니다.

(주)진명출판사
대표이사 안광용

저자의 말

이 책을 선택해주신 독자 여러분 감사합니다.

지난 24년간 다양한 레벨의 영어를 가르쳐왔습니다.
최근 몇 년 동안은 학교 졸업 후 오랫동안 영어와 담을 쌓고
지내셨던 분, 그리고 배움의 시기를 놓치고
늦은 나이에 처음으로 영어를 배우려는 어르신들을 포함한
성인 학습자들에게 영어를 가르치고 있습니다.

늦은 나이에 다른 나라 말을 처음으로 배운다는 것은 결코
쉽지 않습니다. 학습자들에게 어떤 식으로 가르치면
흥미롭고 쉽게 공부할 수 있을까 생각하며 이 책을 만들게 되었고, 특히 이 책은 50대 이상의 학습자들이
쉽게 알파벳을 읽고 쓰며 기초적인 영어 말하기를 배우기에 적합할 것으로 생각됩니다.

교실에서 선생님의 설명을 들으며 이 책의 20과까지 학습하고 나면, 배움의 시기를 놓치고
교실로 수줍게 찾아와 머뭇거리며 "나도 나이 70에 영어를 배울 수 있겠느냐"며 상담하던 자신이
어느새 카페에서 영어로 된 메뉴를 읽고 주문하며, 영어로 쓰인 간판을 읽고, 그리고 해외여행에서 영어로
의사소통을 하며 쇼핑을 하는 자신을 분명히 발견할 것입니다! 이 책으로 함께 공부하며
'우리의 그날'을 기대해 봅니다.

감사합니다.

최은서

경력

- 사이버 한국 외국어대학교 영어학부 TESOL 전공 학사
- 경인교육대학교 교육전문대학원 다문화교육전공 석사
- 수원장안구민회관
- 판교도서관
- 성남중앙도서관
- 여의도 어르신복지관
- 동작종합사회복지관
- 중부여성발전센터
- 의왕시 노인복지관 외 다수의 기관에서 영어 강의 중

Dear Readers,

Thank you for your interest in our new book, 착한 왕초보영어. This is the 13th book in our "Pure and Simple English" series, but every book feels new and special, and this one is no different. This time, our goal was to create a book that introduces new English speakers to the language in the most simple, smooth and entertaining way. And I think we've succeeded!

For me personally, this marks the first time working with Ms. Choi Eun Seo, who is not only a great and natural English speaker, but also a fantastic writer. It was inspiring for me to get her input on this project, and I'm very proud of the book we've been able to produce for you. I think it looks great, it reads great, and I'm sure it'll be a welcome addition to any English classroom in the country!

Sincerely,

Thomas Frederiksen

친애하는 독자 여러분,

새 책인 『착한 왕초보영어』에 관심 가져주셔서 감사합니다. 저희 '착한 영어 시리즈'의 13번째 책이지만, 모든 책이 새롭고 특별하게 느껴지듯이 이번 책도 예외는 아닙니다.

『착한 왕초보영어』에서는 새로운 영어 학습자들을 대상으로, 간단하면서도 매끄럽고 재미있는 방식으로 영어를 소개하고 있습니다. 저희는 이 책을 만들기 위해 많은 노력을 했고, 결과물을 받은 지금은 성공했다고 생각합니다!

개인적으로 이번에 처음으로 최은서 선생님과 함께 작업하는 시간이었습니다. 그녀는 뛰어난 영어 구사자일 뿐만 아니라 환상적인 작가입니다. 이 프로젝트를 하면서 그녀의 의견을 듣는 것은 저에게도 많은 영감을 주었습니다.

저는 지금 여러분에게 선보이는 이 책에 대해 매우 자랑스럽게 생각합니다. 구성된 내용도 멋지게 보이고, 읽기도 훌륭하며, 전국의 영어 교실에서 분명히 환영 받을 만한 도서가 될 것이라 자신합니다!

진심으로 감사합니다.

토마스 프레드릭슨

Part 1 알파벳과 발음

Part 2 대화하기

이 책에서 학습할 내용

1 **What's your name?** 이름이 뭐에요? 문법 be동사 / 패턴 My name is 이름. / 주제 이름

2 **Where are you from?** 어디에서 왔어요?
문법 의문사 where / 패턴 I'm from 나라이름. / 주제 출신지

3 **What's this?** 이것은 무엇인가요? 문법 부정관사 a/an / 패턴 It's a/an 사물. / 주제 사물의 이름

4 **How old are you?** 몇 살인가요? 문법 의문사 how / 패턴 I'm 숫자 years old. / 주제 나이

5 **This is my family.** 나의 가족입니다.
문법 인칭대명사와 소유격 / 패턴 She's my 가족호칭. / 주제 가족 소개

6 **Are you a student?** 당신은 학생입니까?
문법 be동사 의문문 / 패턴 Are you a/an 직업? / 주제 직업

7 **Do we have any apples?** 사과가 좀 있나요?
문법 명사의 단수, 복수 / 패턴 We have 과일. / 주제 나의 소유

8 **Do you like pasta?** 파스타 좋아해요?
문법 셀 수 없는 명사 / 패턴 I like 음식. / 주제 좋아하는 음식

9 **How's the weather?** 날씨가 어때요? 문법 비인칭 it / 패턴 It's 날씨형용사. / 주제 날씨

10 **Where are you?** 당신은 어디에 있나요? 문법 위치의 전치사 / 패턴 I'm in 장소. / 주제 위치

11 **Can you swim?** 수영할 수 있나요? 문법 조동사 can / 패턴 I can 동사원형 / 주제 능력

12 **I have a headache.** 머리가 아파요. 문법 동사 have / 패턴 I have a/an 병명. / 주제 아픈 증상

13 **It's three o'clock.** 3시입니다. 문법 시제 읽기 / 패턴 It's 숫자 o'clock. / 주제 시간

14 **It's December 24th.** 12월 24일입니다. 문법 서수 / 패턴 It's 월, 일, 기념일. / 주제 날짜

15 **Let's go shopping.** 쇼핑하러 갑시다.
문법 의문사가 있는 의문문 / 패턴 I want 명사. / 주제 원하는 것

16 **She's so cute!** 그녀는 매우 귀여워요. 문법 형용사 / 패턴 She's so 형용사. / 주제 성향과 외모

17 **What are you doing?** 무엇을 하고 있나요?
문법 현재진행형 / 패턴 I'm doing 동사ing. / 주제 지금 하고 있는 행동

18 **I go hiking on Mondays.** 나는 월요일마다 등산을 갑니다.
문법 단순현재시제 / 패턴 I 동사 on 요일. / 주제 스케줄

19 **How much is it?** 얼마입니까? 문법 지시대명사와 지시형용사 / 패턴 It's 금액. / 주제 가격

20 **I was busy today.** 저는 오늘 바빴습니다. 문법 부사 / 패턴 I was 감정형용사. / 주제 나의 과거 감정

다음의 알파벳을 번호 순서에 따라 함께 써봅시다.

대문자

A

B

C

D

E

F

G

H

I

소문자

a

b

c

d

e

f

g

h

i

대문자

J

K

L

M

N

O

P

Q

R

소문자

j

k

l

m

n

o

p

q

r

대문자

S

T

U

V

W

X

Y

Z

소문자

s

t

u

v

w

x

y

z

알파벳과 발음

A a 에이 /애, 에이/

A(에이)는 입을 크게 양 옆으로 힘주어 벌려서 /애/ 소리를 내며 힘있게 발음합니다.

✅ 다음의 단어들을 소리내어 잘 읽고 써보세요.

cat
/캩/ ㅋ+애+ㅌ
고양이

cat

hand
/**핸**드/ ㅎ+애+은+ㄷ
손

hand

apple
/**애**플, **애**쁠/ 애+ㅍ+을
사과

apple

cap

/캪/ ㅋ+애+ㅍ

모자

cap

flag

/플래그/ f프+을ㄹ+애+ㄱ

깃발

flag

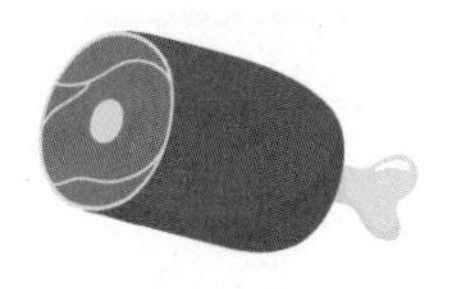

ham

/햄/ ㅎ+애+음

햄, 가공육

ham

can

/캔/ ㅋ+애+은

깡통

can

B b 비~ /ㅂ/

B(비-)는 아랫입술과 윗입술을 서로 붙였다가 떼면서 살짝 /브/ 하고 소리를 냅니다.

✅ **다음의 단어들을 소리내어 잘 읽고 써보세요.**

book
/북/ ㅂ+우+ㅋ
책

boy
/보이/ ㅂ+오이
소년

bus
/버스/ ㅂ+어+ㅅ
버스

bed

/**베**드/ ㅂ+에+ㄷ

침대

bed

bench

/**벤**취/ ㅂ+애+은+취

벤취

bench

bean

/빈-/ ㅂ+이-+은

콩

bean

bee

/비-/ ㅂ+이-

벌

bee

C c 씨이~ /ㅆ, ㅋ/

C(씨-)는 우리말의 ㅋ과 비슷한 소리를 냅니다.
때로 c뒤에 e, i, y가 오면 혀 끝에 힘을 주고 자신의 알파벳 이름처럼 /ㅆ/라고 발음하기도 합니다.

✓ 다음의 단어들을 소리내어 잘 읽고 써보세요.

cup
/컾/ ㅋ+어+ㅍ
컵, 잔

cup

candy
/**캔**디/ ㅋ+애+은+ㄷ+이
사탕

candy

coffee
/**커**퓌/ ㅋ+어+fㅍ+이
커피

coffee

car

/카-r/ ㅋ+아-r

자동차

car

rice

/**롸**이스/ r루+아이+ㅅ

쌀, 밥

rice

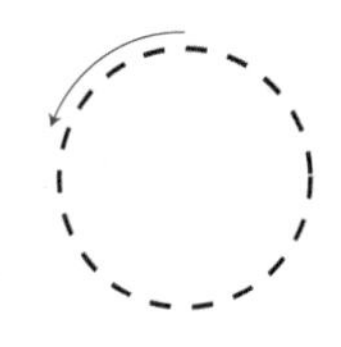

circle

/**써**r클/ ㅆ+어r+ㅋ+을

원

circle

face

/f**풰**이스/ fㅍ+에이+ㅅ

얼굴

face

D d 디~ /ㄷ/

D(디-)는 우리말 ㄷ과 유사한 소리가 나는데
혀를 윗니의 뿌리 부분에 붙였다가 떼면서 /ㄷ/하고 발음을 합니다.

다음의 단어들을 소리내어 잘 읽고 써보세요.

dart

/다r-트/ ㄷ+아r+ㅌ

다트

dart

dad

/대드/ ㄷ+애+ㄷ

아빠

dad

sad

/쌔드/ ㅆ+애+ㄷ

슬픈

sad

doctor

/닥터r/ ㄷ+아+ㅋ+ㅌ+어r

의사

doctor

E e 이~ /에, 이~/

E(이~)는 입술을 살짝 옆으로 벌려 편하게 /에/소리를 냅니다.
그러나 모음 a의 /애/의 소리처럼 입을 크게 벌려 힘주어 발음하지 않도록 합니다.
때로는 긴 소리로 /이~/라고 소리냅니다.

✓ **다음의 단어들을 소리내어 잘 읽고 써보세요.**

egg
/**에**그/ 에+ㄱ
계란

egg

nest
/**네**스트/ ㄴ+에+스+ㅌ
둥지

nest

net
/넽/ ㄴ+에+ㅌ
그물

net

west

/**웨**스트/ 우+에+ㅅ+ㅌ

서쪽

west

elf

/**엘**프/ 에+을+fㅍ

요정

elf

rest

/r**뤠**스트/ r루+에+ㅅ+ㅌ

휴식

rest

lemon

/**레**먼/ ㄹ+에+ㅁ+어+은

레몬

lemon

F f 에ㅍ /fㅍ/

F(에fㅍ)는 우리말에는 없는 소리이므로 주의합니다.
윗니를 아래 입술에 살짝 붙인 후 입안에서 바깥으로 세게 바람을 불면서 /fㅍ/하고 발음합니다.

✅ 다음의 단어들을 소리내어 잘 읽고 써보세요.

fox
/**팍**스/ fㅍ+아+윽ㅅ
여우

fox

fish
/**퓌**쉬/ fㅍ+이+쉬
물고기

fish

leaf
/**리**프/ ㄹ+이-+fㅍ
나뭇잎

leaf

fire

/**파**이어r/ fㅍ+아이+어r

불

fire

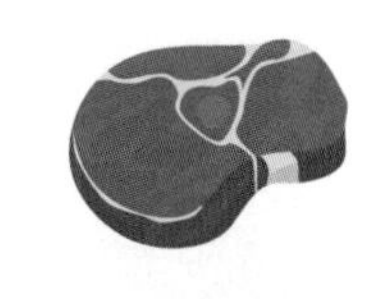

beef

/**비**프/ ㅂ+이-+fㅍ

소고기

beef

food

/**푸**드/ fㅍ+우+ㄷ

음식

food

fall

/폴/ fㅍ+오+을

가을

fall

Gg 쥐~ /ㄱ, 쥐/

G(쥐-)는 목구멍에서부터 힘주어 /ㄱ/소리를 내며 나며
g 다음에 e, i, y가 오면 입을 앞으로 내밀어 역시 목구멍에서 /쥐~/ 소리를 냅니다.

✅ **다음의 단어들을 소리내어 잘 읽고 써보세요.**

giraffe

/쥐**래**프/ 쥐+이+r루+애+fㅍ

기린

giraffe

game

/**게**임/ ㄱ+에이+음

게임

game

ginger

/**쥔**줘r/ 쥐+이+은+쥐+어r

생강

ginger

gate

/**게**이트/ ㄱ+에이+ㅌ

문

gate

H h 에이-취 /ㅎ/

H(에이취)는 목구멍에서 /ㅎ/ 소리를 내뱉으며 소리를 냅니다.

✅ 다음의 단어들을 소리내어 잘 읽고 써보세요.

house
/**하**우스/ ㅎ+아우+ㅅ
집

house

horse
/**호**r-스/ ㅎ+오r+ㅅ
말

horse

happy
/**해**피/ ㅎ+애+ㅍ+이
행복한

happy

hippo

/**히**포우/ ㅎ+이+ㅍ+오우

하마

hug

/**허**그/ ㅎ+어+ㄱ

포옹

hug

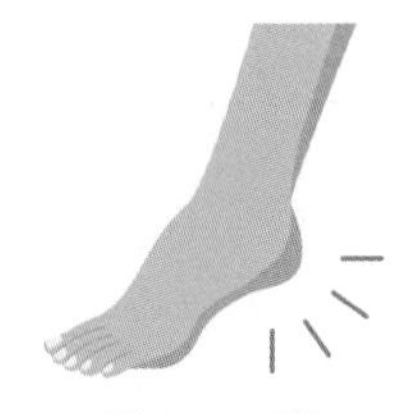

heel

/힐/ ㅎ+이+을

발꿈치

heel

hiking

/**하**이킹/ ㅎ+아이+ㅋ+이+응

등산

hiking

I i 아이~ /이, 아이~/

I(아이-)는 턱에 힘을 빼고 입을 옆으로 조금만 벌린 후 짧게 우리말의 /이/ 처럼 소리를 냅니다.
때로는 /아이-/라고 긴 소리로 발음하기도 합니다.

✅ 다음의 단어들을 소리내어 잘 읽고 써보세요.

time

/**타**임/ ㅌ+아이+음

시간

time

swim

/스**윔**/ ㅅ+우+이+음

수영하다

swim

milk

/**밀**크/ ㅁ+이+을+ㅋ

우유

milk

chick

/췩/ 취+이+ㅋ

병아리

chick

J j 줴이~ /쥐/

J(줴이)는 입술을 동그랗게 모아 앞으로 약간 내밀면서 /쥐/소리를 내어 발음합니다.

✅ 다음의 단어들을 소리내어 잘 읽고 써보세요.

jam
/잼/ 쥐+애+음
잼

jam

jar
/좌-r/ 쥐+아r
항아리

jar

June
/쥰-/ 쥐+유-+은
6월

June

jelly

/**젤**리/ 쥐+에+을ㄹ+이

젤리

jelly

jump

/**줨**프/ 쥐+어+음+ㅍ

점프

jump

jungle

/**줭**글/ 쥐+어+응+ㄱ+을

밀림

jungle

jet

/쥍/ 쥐+에+ㅌ

제트기

jet

K k 케이~ /ㅋ/

K(케이)의 소리는 우리말의 ㅋ과 비슷한 소리입니다.
목구멍 혀의 뿌리부분을 공기로 막았다가 열면서 /ㅋ/하고 소리를 냅니다.

✅ **다음의 단어들을 소리내어 잘 읽고 써보세요.**

ski

/스**키**/ ㅅ+ㅋ+이

스키

ski

key

/키-/ ㅋ+이-

열쇠

key

kick

/킥/ ㅋ+이+ㅋ

발로 차다

kick

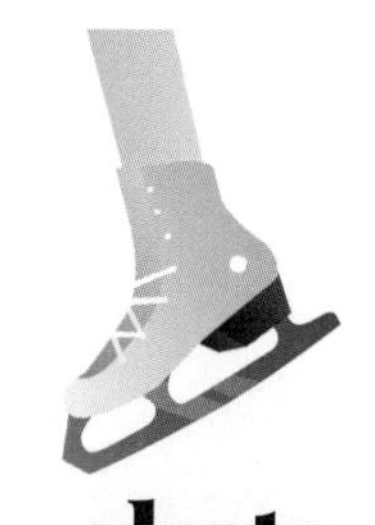

skate

/스**케**잍/ ㅅ+ㅋ+에이+ㅌ

스케이트

skate

L l 에을~ /(을)르/

L(에을-)은 발음할 때 /을/소리를 살짝 내면서 혀끝을 앞윗니의 뿌리부분에 붙였다가 떼면서 /ㄹ/하고 소리냅니다.

✅ **다음의 단어들을 소리내어 잘 읽고 써보세요.**

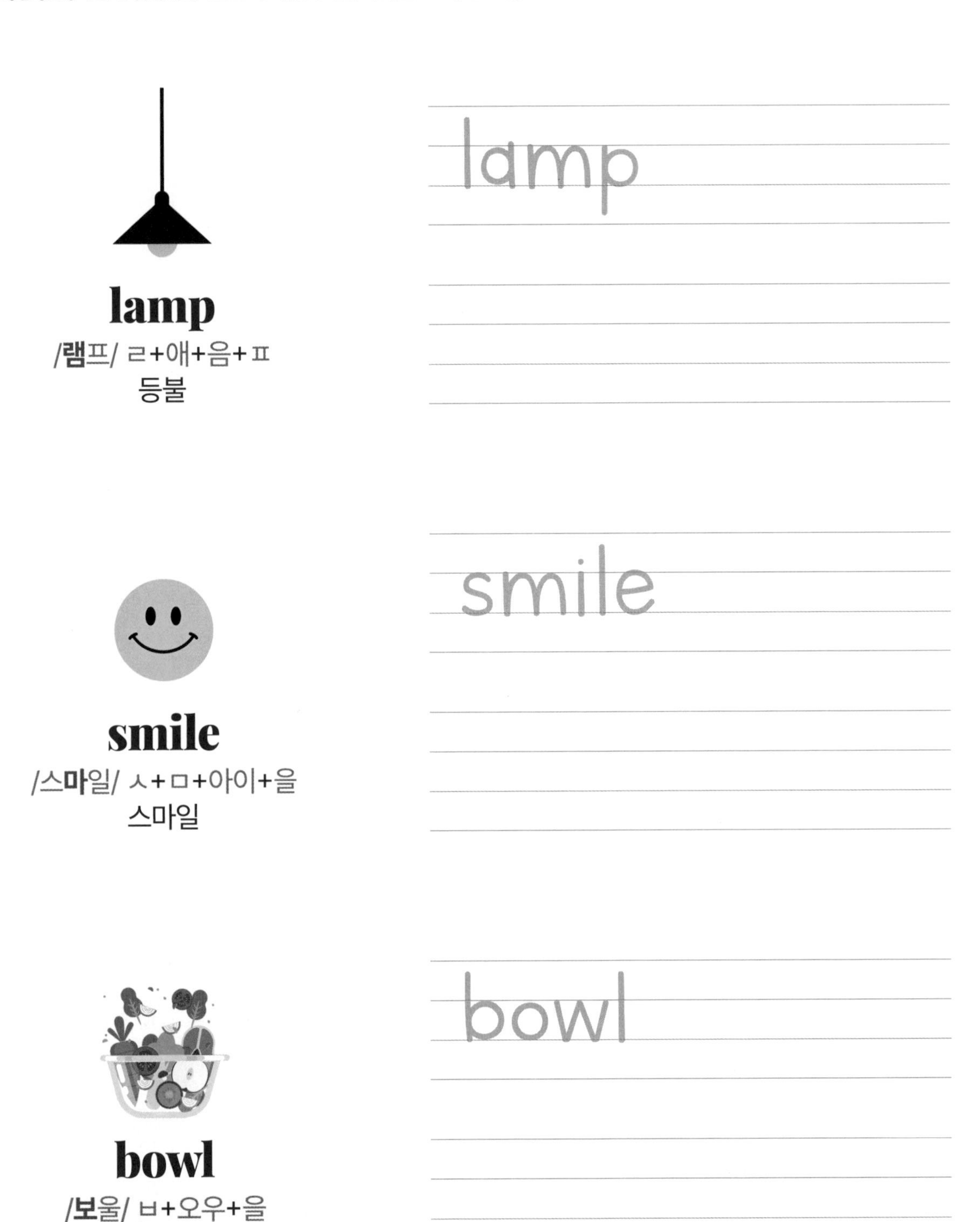

lamp
/**램**프/ ㄹ+애+음+ㅍ
등불

lamp

smile
/스**마**일/ ㅅ+ㅁ+아이+을
스마일

smile

bowl
/**보**울/ ㅂ+오우+을
그릇

bowl

lamb

/램/ ㄹ+애+음 (b는 묵음)
양

lamb

salt

/**쏠**ㅌ/ ㅆ+오+을+ㅌ
소금

salt

bottle

/**바**틀(를)/ ㅂ+아+ㅌ+을
병

bottle

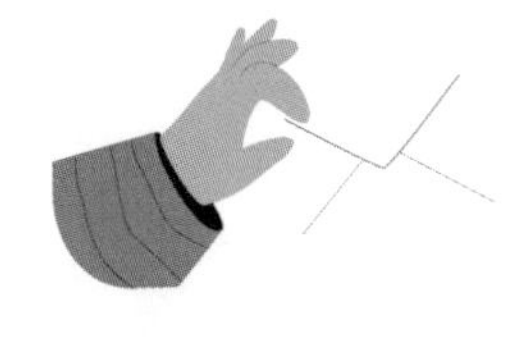

letter

/**레**터(러)r/ ㄹ+에+ㅌ+어r
편지

letter

M m 엠ㅁ /(음)므/

M(엠ㅁ)은 /엠/하는 소리를 내면서 오므려진 입술을 /므/하고 떼며 발음을 합니다.

✅ **다음의 단어들을 소리내어 잘 읽고 써보세요.**

mom

/맘/ ㅁ+아+음

엄마

mom

mouse

/**마**우스/ ㅁ+아우+ㅅ

쥐

mouse

drum

/드**뤔**/ ㄷ+루+어+음

북

drum

moon

/문-/ ㅁ+우-+은

달

man

/맨/ ㅁ+애+은

남자

mug

/머-ㄱ/ ㅁ+어+ㄱ

머그잔

mug

memo

/**메**모우/ ㅁ+에+ㅁ+오우

메모

memo

N n 엔ㄴ /(은)느/

N(엔ㄴ) 은 /엔/소리를 내면서 혀끝을 윗니의 뿌리 위쪽의 잇몸에 붙여 /느/하고 발음합니다.

✓ 다음의 단어들을 소리내어 잘 읽고 써보세요.

nail

/**네**일/ ㄴ+에이+을

손톱

nail

nine

/**나**인/ ㄴ+아이+은

9

nine

nose

/**노**우즈/ ㄴ+오우+ㅈ

코

name

/**네**임/ ㄴ+에이+음

이름

name

hen

/헨/ ㅎ+에+은

암탉

hen

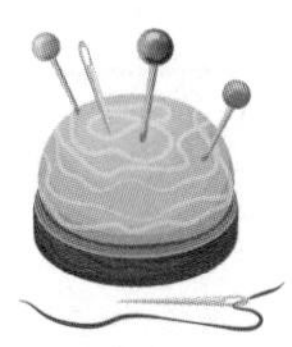

needle

/**니**들/ ㄴ+이+ㄷ+을

바늘

needle

nurse

/**너**r-스/ ㄴ+어r+ㅅ

간호사

nurse

O o 오우- /아, 오, 오우, 어/

O(오우-)는 /아/하고 입을 크게 벌려 짧게 소리를 냅니다.
때로는 /오우-/하고 길게 소리내기도 합니다.

✅ 다음의 단어들을 소리내어 잘 읽고 써보세요.

box
/박스/ ㅂ+아+윽ㅅ
상자

sock
/싹/ ㅆ+아+ㅋ
양말

clock
/클락/ ㅋ+을ㄹ+아+ㅋ
시계

pot

/팓/ ㅍ+아+ㅌ

냄비, 솥

octopus

/**악**토퍼스/ 아+ㅋ+ㅌ+오+ㅍ+어+ㅅ

문어

mop

/맢/ ㅁ+아+ㅍ

대걸레

mop

stop

/스**탚**/ ㅅ+ㅌ+아+ㅍ

멈추다

stop

P p 피- /ㅍ/

P(피-)는 위아래 입술을 붙였다가 입속에서 숨을 세게 내뱉을 때
양 입술을 /ㅍ/하고 떼어내며 내는 소리입니다.

✅ **다음의 단어들을 소리내어 잘 읽고 써보세요.**

park

/**파**-rㅋ/ ㅍ+아r+ㅋ

공원

park

pink

/**핑**크/ ㅍ+이+은+ㅋ

분홍색

pink

pencil

/**펜**슬/ ㅍ+에+은+ㅅ+을

연필

pencil

pet

/펱/ ㅍ+에+ㅌ

애완동물

pet

Q q 큐- /크우-/

Q(큐-)는 입술에 힘을 주어 동그랗게 모은 후 /크우/ 하고 재빨리 한번에 발음합니다.

✓ **다음의 단어들을 소리내어 잘 읽고 써보세요.**

queen

/크**윈**/ ㅋ우+이+은

여왕

queen

130

quiz

/크**위**즈/ ㅋ우+이+ㅈ

퀴즈

quiz

quarter

/쿠**워**터r(러)/ ㅋ우+어r+ㅌ+어r

1/4

quarter

question

/쿠**웨**스춴/ ㅋ우+에+ㅅ+ㅊ+어+은

질문

question

liquid

/**리**쿠윋/ ㄹ+이+크우+이+ㄷ

액체

liquid

quick

/쿠**윜**/ ㅋ우+이+ㅋ

빠른

quick

quilt

/쿠**윌**트/ 크우+이+을+ㅌ

조각이불

quilt

R r 아~r /루, 어r/

R(아-r)은 우리말에는 없는 발음으로 입술을 동그랗게 모아 /루/소리를 내며 발음하는데 허끝을 입 천장에 닿지 않고 힘있게 발음해 봅니다.

✓ 다음의 단어들을 소리내어 잘 읽고 써보세요.

rabbit
/r**뢔**빝/ r루+애+ㅂ+이+ㅌ
토끼

rain
/r**뤠**인/ r루+에이+은
비

rock
/r**롹**/ r루+아+ㅋ
바위

rooster

/r**루**스터r/ 루+우+ㅅ+ㅌ+어r

수탉

rooster

racoon

/r래**쿠**운/ 루+애+ㅋ+우+은

너구리

rose

/r**로**우즈/ 루+오우+ㅈ

장미

rose

robot

/r**로**우밭/ 루+오우+ㅂ+아+ㅌ

로보트

robot

S s 에쓰 /ㅅ, ㅆ/

S는 혀끝을 아랫니의 뿌리쪽에 대고 /ㅅ/ 하고 바람을 불어 소리냅니다.
s뒤에 모음이 있으며 /ㅆ/하고 세게 발음됩니다.

☑ **다음의 단어들을 소리내어 잘 읽고 써보세요.**

spider
/스**파**이더r/ ㅅ+ㅍ+아이+ㄷ+어r
거미

spider

sun
/썬/ ㅆ+어+은
태양

sun

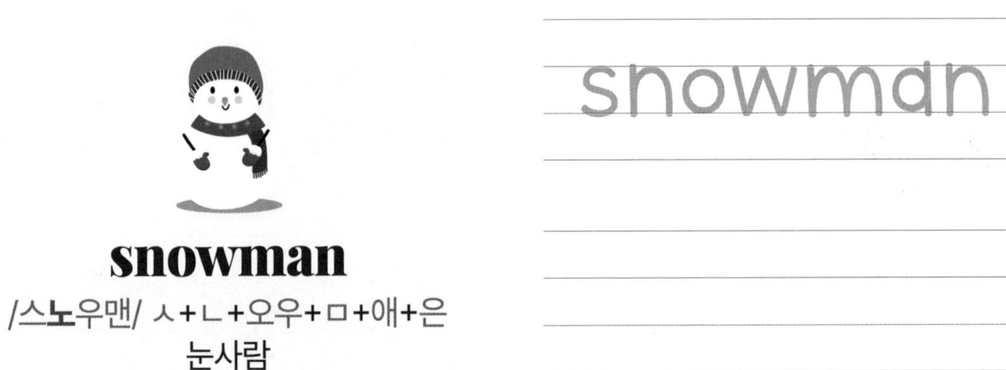

snowman
/스**노**우맨/ ㅅ+ㄴ+오우+ㅁ+애+은
눈사람

snowman

sandwich

/**쌘**ㄷ위취/ ㅆ+애+ㄴ+ㄷ+우+이+취

샌드위치

sandwich

sneaker

/스**니**커r/ ㅅ+ㄴ+이+ㅋ+어r

운동화

sneaker

snake

/스**네**잌/ ㅅ+ㄴ+에이+ㅋ

뱀

snake

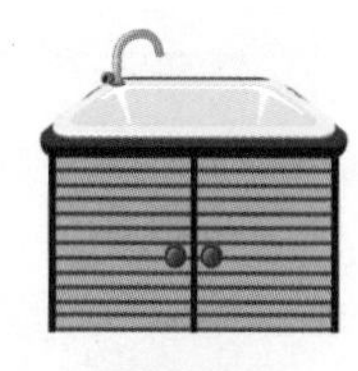

sink

/**씽**크/ ㅆ+이+은+ㅋ

개수대

sink

T t 티- /ㅌ/

T(티-)는 혀끝을 윗니의 뿌리쪽에 붙였다가 떼면서 /ㅌ/하고 발음합니다.

✓ 다음의 단어들을 소리내어 잘 읽고 써보세요.

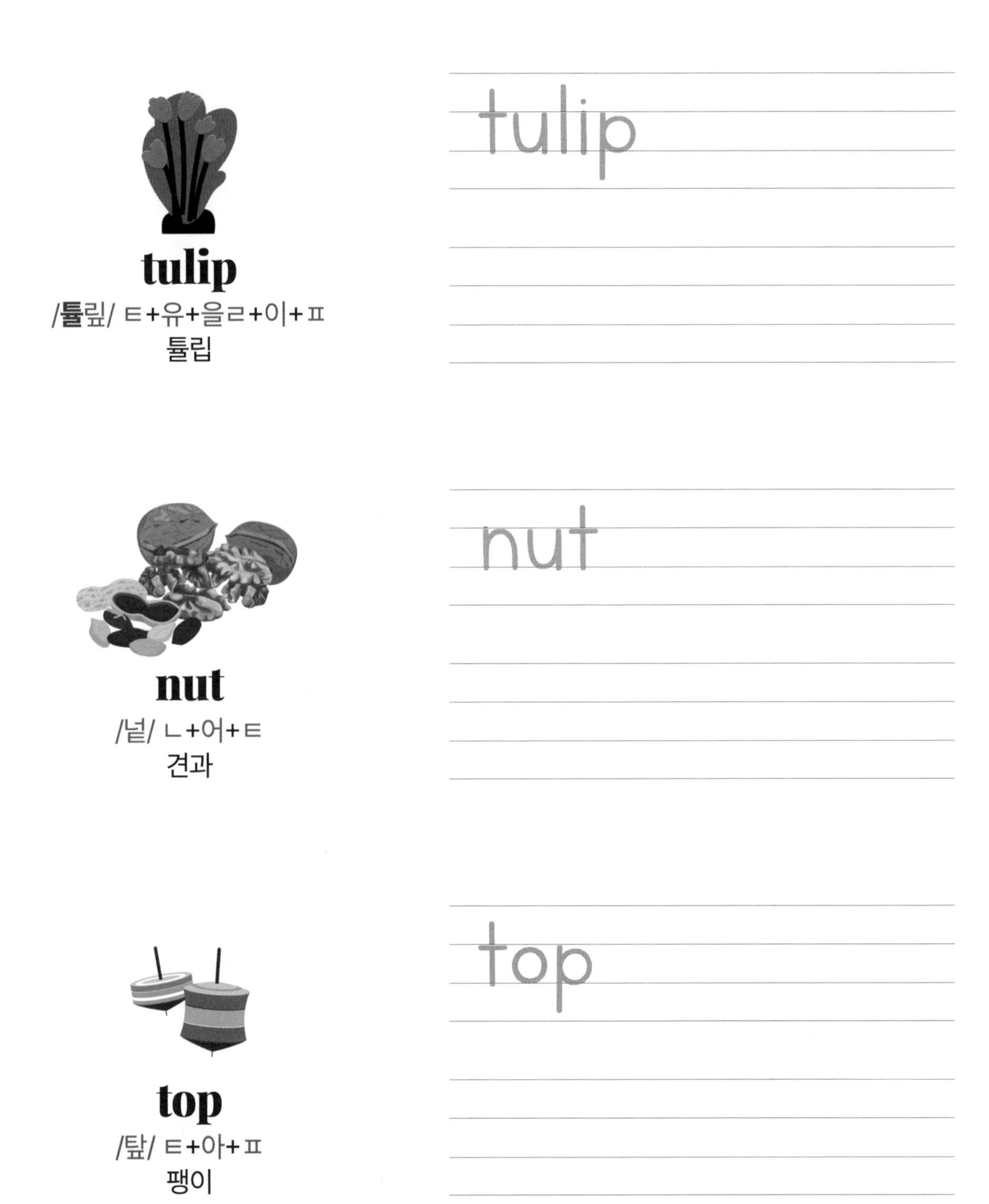

tulip

/튤맆/ ㅌ+유+을ㄹ+이+ㅍ

튤립

nut

/넡/ ㄴ+어+ㅌ

견과

top

/탚/ ㅌ+아+ㅍ

팽이

turtle
/**터**r틀(를)/ ㅌ+어r+ㅌ+을
거북이

turtle

table
/**테**이블/ ㅌ+에이+ㅂ+을
탁자

table

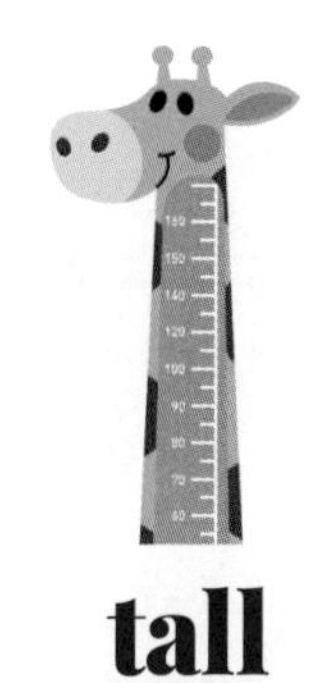

tall
/톨-/ ㅌ+오+을
키가 큰

tall

tea
/티-/ ㅌ+이-
차

tea

U u 유우~ /어, 유~, 우/

U는 입을 살짝 벌리고 /어/하고 발음합니다. /유-/라는 긴모음소리가 나기도 합니다.

✓ **다음의 단어들을 소리내어 잘 읽고 써보세요.**

under

/**언**더r/ 어+은+ㄷ+어r

아래에

under

gun

/건/ ㄱ+어+은

총

gun

hut

/헡/ ㅎ+어+ㅌ

오두막

hut

cut
/컽/ ㅋ+어+ㅌ
자르다

cut

up
/엎/ 어+ㅍ
위로

up

ugly
/어글리/ 어+ㄱ+을ㄹ+이
못생긴

ugly

bun
/번/ ㅂ+어+은
번(빵)

bun

V v v브 /vㅂ/

B가 위아래 입술을 서로 붙였다가 떼면서 내는 소리인 반면
V는 윗니를 아랫입술에 붙였다가 입속에서 바깥으로 /vㅂ/하고 부드럽게 소리를 내면서 발음합니다.

✓ 다음의 단어들을 소리내어 잘 읽고 써보세요.

vest
/v**붸**스ㅌ/ vㅂ+에+ㅅ+ㅌ
조끼

vest

five
/f**퐈**이v브/ fㅍ+아이+vㅂ
5, 다섯

five

give
/**기**v브/ ㄱ+이+vㅂ
~을 주다

give

vet

/v벧/ vㅂ+에+ㅌ

수의사

vet

van

/v밴/ vㅂ+애+은

밴

van

dove

/**도**-vㅂ/ ㄷ+오+vㅂ

비둘기

cave

/**케**이vㅂ/ ㅋ+에이+vㅂ

동굴

cave

W w 더블유- /우/

W는 자음이지만 모음처럼 소리가 납니다.
입술에 힘을 주어 동그랗게 오므려 /우/하고 소리를 냅니다.

✓ **다음의 단어들을 소리내어 잘 읽고 써보세요.**

watch
/**와**취/ 우+아+취
시계

window
/**윈**도우/ 우+이+은+ㄷ+오우
창문

wolf
/**울**프/ 우+오+을+fㅍ
늑대

web

/웹/ 우+에+ㅂ

거미줄

wing

/윙/ 우+이+응

날개

work

/**워**r크/ 우+오r+ㅋ

일하다

work

wig

/**위**그/ 우+이+ㄱ

가발

wig

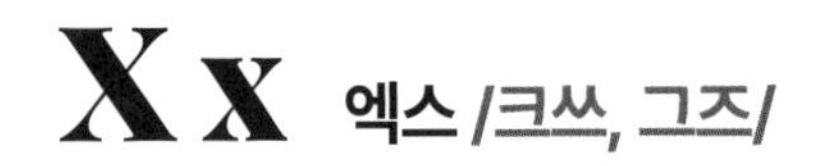

X x 엑스 /크쓰, 그즈/

X는 대부분 /크즈/ 혹은 /그즈/로 소리가 나며
흔하지는 않지만 x로 시작하는 단어의 경우 /즈/라고 소리가 나기도 합니다.

✓ 다음의 단어들을 소리내어 잘 읽고 써보세요.

taxi
/**택**시/ ㅌ+애+윽ㅅ+이
택시

taxi

six
/**씩**스/ ㅆ+이+윽ㅅ
6, 여섯

six

exit
/**엑**씥/ 에+윽ㅅ+이+ㅌ
비상구

exit

exam

/익**잼**/ 이+그즈+애+음

시험

exam

tax

/**택**스/ ㅌ+애+윽스

세금

expert

/**엑**스퍼r트/ 에+윽스+퍼rㅌ

전문가

mix

mix

/**믹**스/ ㅁ+이+윽ㅅ

섞다

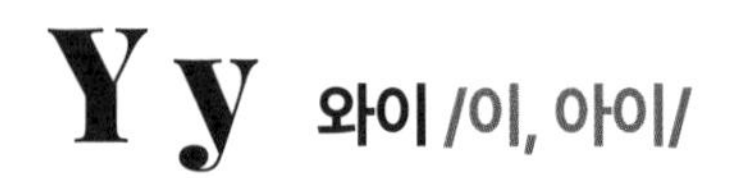

Y y 와이 /이, 아이/

Y는 자음이지만 /이/ 또는 /아이/의 모음의 소리을 갖고 있습니다.
단어를 발음할 때 /이/ 소리로 시작하여 발음하면 좀 더 정확한 소리를 낼 수 있습니다.

✅ **다음의 단어들을 소리내어 잘 읽고 써보세요.**

yoga
/**요**우가/ 이+오우+ㄱ+아
요가

yoga

yacht
/얃/ 이+아+ㅌ
요트 *ch는 소리가 안남

yacht

cry
/크**롸**이/ ㅋ+루+아이
울다

cry

young

/영/ 이+어+응

젊은

young

fly

/f플**라**이/ fㅍ+을ㄹ+아이

날다

fly

yellow

/**옐**로우/ 이+에+을ㄹ+오우

노란색

yellow

yummy

/**야**미/ 이+어+ㅁ+이

맛있는

yummy

Z z zㅈ지- /ㅈ/

Z는 입을 양옆으로 벌린 상태로 윗니와 아랫니를 마주 대고
마치 휴대폰의 진동이 울리는 소리처럼 /ㅈ~/ 하고 소리를 냅니다.

✓ **다음의 단어들을 소리내어 잘 읽고 써보세요.**

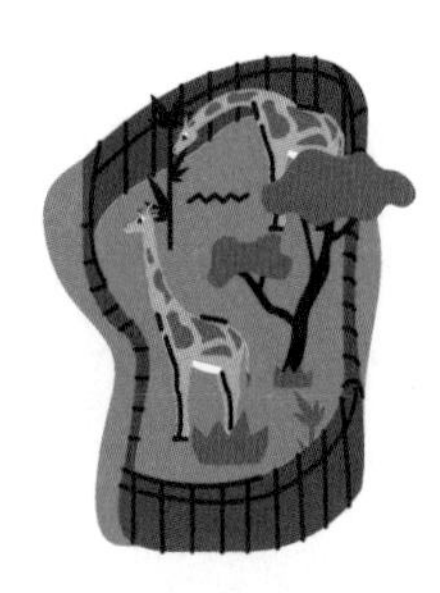

zoo
/z주-/ zㅈ+우-
동물원

zoo

zero
/z**지**로우/ zㅈ+이+루+오우
0, 영

zero

zipper
/z**지**퍼r/ zㅈ+이+ㅍ+어r
지퍼

zipper

lizard

lizard

/**리**z자-rㄷ/ ㄹ+이+zㅈ+아r+ㄷ

도마뱀

maze

/**메**이zㅈ/ ㅁ+에이+zㅈ

미로

razor

razor

/**뤠**이z저r/ 루+에이+zㅈ+오r

면도기

lazy

lazy

/**레**이z지/ ㄹ+에이+zㅈ+이

게으른

review 1

그림에 맞게 다음의 빈 칸에 알맞는 알파벳을 쓰세요.

1

c□t

2

b□s

3

c□ff□e

4

c□ke

5

r□d

6

□gg

7

f□sh

8

g□te

9

f□□t

10

□o□se

11

t□□e

12

□il□

정답 1 a 2 u 3 o/e 4 a 5 e 6 e 7 i 8 a 9 o/o 10 h/u 11 i/m 12 m/k

review 2

그림과 일치하는 뜻의 단어를 고르세요.

1

tune

June

2

jet

pet

3

skate

snake

4

letter

better

5

can

man

6

mine

nine

7

name

came

8

mop

top

9

mink

pink

정답 1 June 2 jet 3 skate 4 letter 5 can 6 nine 7 name 8 mop 9 pink

review 3

주어진 알파벳으로 시작하는 단어의 그림을 고르세요.

1

2

R

3

S

4

T

 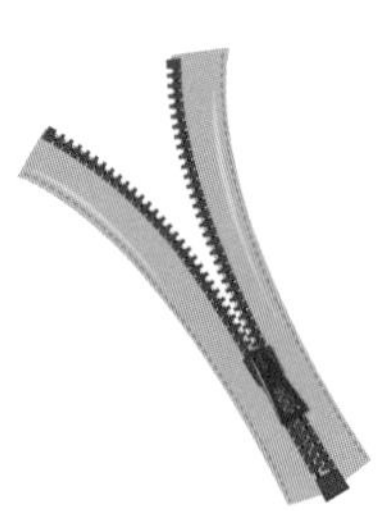 

정답 1 ② 2 ④ 3 ① 4 ④

review 4

그림에 맞는 뜻이 되도록 빈 칸에 알맞는 알파벳을 쓰세요

1 u

2 f

3 w

4 d

5 s

6 y

7 y

8 l

정답 1 under 2 five 3 window 4 desk 5 six 6 yoga 7 yellow 8 lazy

대화
하기

Chapter

001 What's your name?

✓ 오늘의 대화

Kay **Hello. I'm Kay.**
What's your name?

헬로우. 암 케이. 왙츠 유어r 네임?

안녕하세요. 저는 케이에요. 이름이 뭐에요?

June **Hi, Kay.**
My name is June.

하이, 케이. 마이 네임 이스 준.

안녕하세요, 케이. 제 이름은 준입니다.

✓ 오늘의 단어

Hello /헬로우/ (인사) 안녕하세요?, (전화상) 여보세요?

Hi /하이/ 안녕하세요

I'm /아임/ (I am의 축약어) 나는 ~입니다.

what /왙/ (의문사) 무엇?

your /유어r/ (소유격) 당신의

name /네임/ 이름

my /마이/ (소유격) 나의

is /이즈/ (be동사) ~이다, ~에 있다

✓ 오늘의 표현

1 누군가를 만났을 때 편하게 **Hello** /헬로우/,
또는 **Hi** /하이/라고 인사합니다.
헤어질 때는 **Good bye** /굳 바이/, 또는 **Bye** /바이/라고 인사하며
다음 만남을 기약한다면 **See you soon** /씨 유 쑨-/ 등의 인사를 합니다.

2 **I'm** /아임/ 혹은 **My name is** /마이 네임 이즈/ 뒤에
나의 이름을 말하여 나를 소개합니다.

3 상대의 이름은 **What's your name?** /왙츠 유어r 네임/
이라고 묻습니다.
무엇인지 궁금할 때 말하는 의문사 **what** /왙/과 **is** /이즈/를 축약하여
what's /왙츠/라고 짧게 표현하며
축약할 때는 '(어포스트로피)를 사용합니다.

이름이 뭐에요?

인사하기/이름 묻고 답하기

단어 연습

Lucy
루씨

Thomas
타머스

Linda
린다

Wang
왱

Yoko
요코우

Emily
에믈리

자신있게 말하기

짝과 서로 인사하며 대화를 연습하고 서로의 이름도 물어보세요.

1

Lucy **Hello. I'm ________. What's your ________?**
Linda **________, Lucy. ________ name is Linda.**

2

Thomas **Hello. ________ Thomas.**
What's ________ name?
Yoko **Hi, ________. My ________ is ________.**

3

Emily **________. I'm ________. ________ your name?**
Wang **Hi, Emily. ________ name ________ Wang.**

4

you ________, ________. ________________?
mate ________, ________. ________.

정답 1 Lucy/name/Hi/My 2 I'm/your/Thomas/name/Yoko 3 Hello/Emily/What's/My/is 4 Hi, I'm OO/What's your name/Hello, OO. I'm OO.

조금 더 배워요

be동사

be동사는 문장 주어의 상태나 감정, 이름, 직업, 나이 등을 말하는
역할을 하는 동사입니다.
'주어+be동사'의 형태로 **'주어는 ~이다, ~있다'**라는
의미를 갖으며, 문장의 시제가 현재인지 혹은 과거인지
또는 주어의 인칭에 따라서 모양을 달리합니다.
또한 부정문을 만들고 싶다면 부정어 **not** /낱/을 be동사 뒤에 붙이면 됩니다.

다음의 표를 보면서 각각의 주인공(주어)에 따른 be동사의 변화를 알아봅시다.

인칭	주어	be동사 현재	축약형	부정형
1인칭	**I** /아이/ 나는	**am** /앰/	**I'm** /아임/	**I'm not** /암낱/
	We /위/ 우리는	**are** /아r/	**We're** /위아r/	**We're not** /위아r낱/
2인칭	**You** /유/ 너는, 너희는	**are** /아r/	**You're** /유아r/	**You're not** /유아r낱/
3인칭	**She** /쉬/ 그녀는 **He** /히/ 그는 **It** /잍/ 이것은	**is** /이즈/	**She's** /쉬즈/ **He's** /히즈/ **It's** /이츠/	**She's not** /쉬즈 낱/ **He's not** /히즈 낱/ **It's not** /이츠 낱/
	They /데이/ 그들은	**are** /아r/	**They're** /데이아r/	**They're not** /데이아r 낱/

기억해요

1 단어 연습

Thomas **My** ____________ **is** ____________.

Linda **I** ____________ ____________.

Emily **My** ____________ ____________ **Emily.**

2 오늘 학습한 문장을 써보세요.

1 **Hello.** 안녕하세요.

2 **What's your name?** 당신의 이름은 무엇인가요?

3 **My name is ○○○.** 저는 (나의 이름)입니다.

기억해요

정답

1 단어 연습

Thomas **My** name **is** Thomas **.**

Linda **I** am Linda **.**

Emily **My** name is **Emily.**

2 오늘 학습한 문장을 써보세요.

1 **Hello.** 안녕하세요.

Hello.

2 **What's your name?** 당신의 이름은 무엇인가요?

What's your name?

3 **My name is ○○○.** 저는 (나의 이름)입니다.

My name is

쉬는 시간

영어의 이름

영어의 이름은 우리나라 이름과 어떤 점이 다를까요?

우리 이름은 성을 먼저 쓰고 이름을 나중에 쓰는 반면 영어에서는 이름을 먼저 말하고 성을 마지막에 말해요.
먼저 오는 이름이라는 뜻으로 **first name** /f퀴r스트 네임/이라고 하며,
성은 마지막에 온다고 하여 **last name** /래스트 네임/이라고 합니다.
때로 이름과 성의 가운데에 중간이름 /middle name, 미들 네임/을 쓰기도 하는데
특별한 규칙이 없이 원하는 대로 할 수 있는 선택사항이라고 해요.

first name, **middle name**, 그리고 **last name**을 다 합한 이름은
full name /f풀 네임/이라고 합니다.

Hello.
My full name is Lucy Wilson.
Lucy is my first name
and Wilson is my last name.
What's your full name?

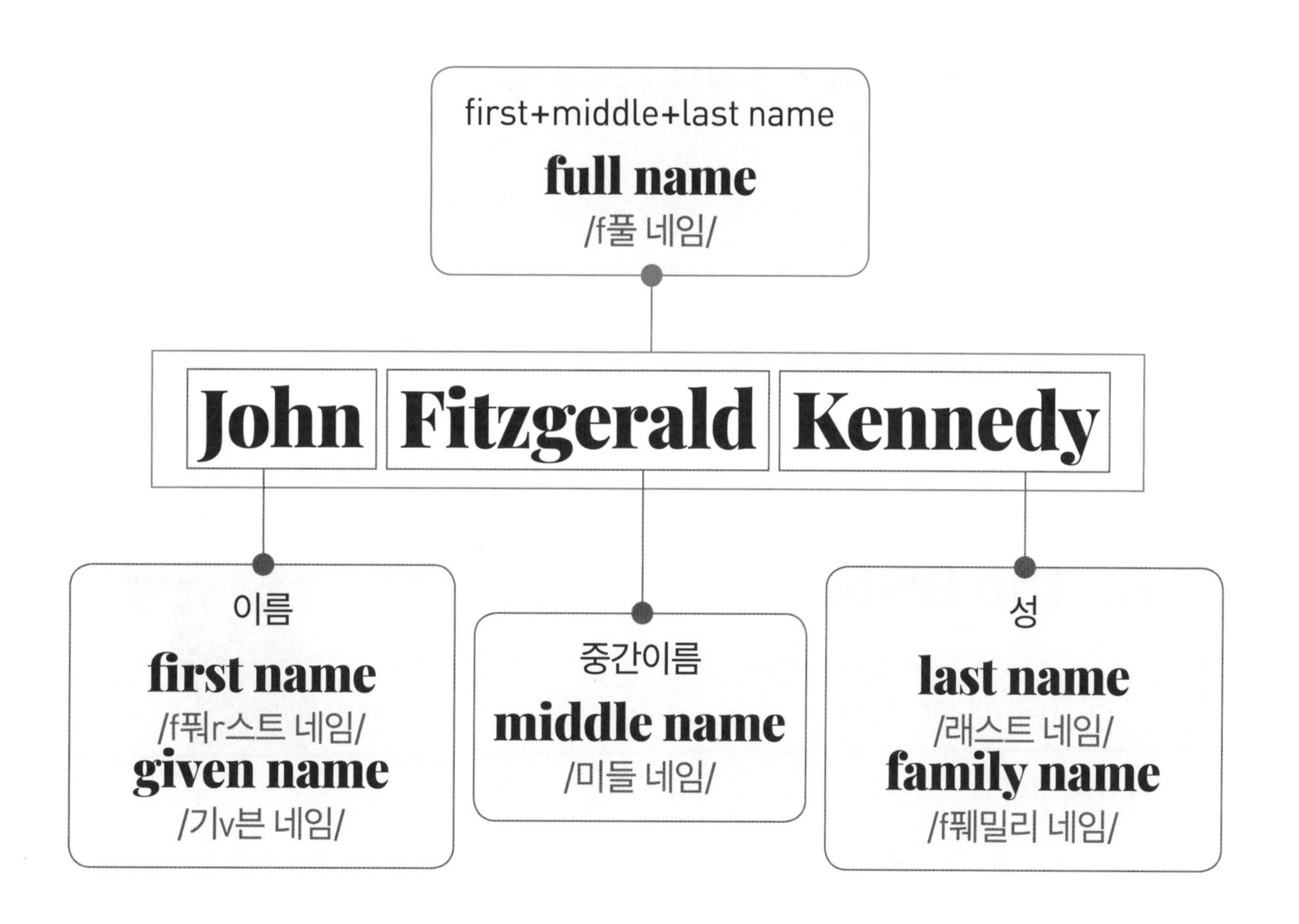

미들네임은 알파벳 첫자만 쓰기도 합니다.

ex. **John F. Kennedy**

My full name is John F. Kennedy.

John is my first name and Kennedy is my last name. What's your full name?

Chapter

002 Where are you from?

오늘의 대화

Kay **Where are you from?**

웨어r 아r 유 f프뤔?

어디에서 왔어요?

June **I'm from South Korea. Where are you from?**

암 f프뤔 싸우뜨 코뤼아. 웨어r 아r 유 f프뤔?

저는 한국에서 왔어요. 당신은 어디에서 왔나요?

Kay **I'm from the U.S.A.**

암 f프뤔 디 유.에스.에이.

저는 미국에서 왔어요.

오늘의 단어

where /웨어r/ (의문사) 어디에?

are /아r/ (be동사) ~이다, ~있다

from /f프뤔/ ~출신의, ~로부터

south /싸우뜨/ 남쪽의

Korea /코뤼아/ 한국

the U. S. A /디 유에스에이/ 미국

✓ 오늘의 표현

1 상대방의 출신국이나 고향이 어디인지 궁금할 때에는
의문사 **where** /웨어r/을 사용하여 질문합니다.

2 출신지를 말하려면 **be** /비/**동사**와
'~로부터'의 의미가 있는 **from** /f프뤔/을
"be from + 출신지/나라이름"의 형태로 말합니다.

3 미국을 일컫는 이름은 **America** /어메뤼카/, **the States** /더 스테이츠/,
그리고 **the U.S.A** (United States of America) /디 유에스에이/ 등
여러가지가 있습니다.

어디에서 왔어요?

나라이름/출신지 묻고 답하기

1 단어 연습

Australia
/오스트**렐**리아/ 호주

Canada
/**캐**나다/ 캐나다

England
/**잉**글랜드/ 영국

Germany
/**줘**r머니/ 독일

Vietnam
/v뷔엘**남**/ 베트남

Brazil
/브롸**질**/ 브라질

✓ 자신있게 말하기

짝과 서로의 출신지를 물어보고 답해보세요.

1

Lucy ________ are you from?
Linda I'm from ________.

2

Thomas Where ________ ________ from?
Yoko ________ from ________.

3

Emily ________ are you ________?
Wang I'm ________ ________.

4

you ______________________________?
mate ______________________________.

정답 1 Where/Germany 2 are/you/I'm/England 3 Where/from/from/Canada
4 Where are you from?/I'm from Korea.

조금 더 배워요

의문사 where

TV 리모컨을 어디에 두었는지, 차 열쇠를 어디에 두었는지
가끔 잊을 때가 있어요.
이처럼 '어디에?'라고 물어보려면 **where** /웨어r/이라는 의문사가 필요해요.

사물의 위치, 누군가가 어디에 있는지 그리고 장소의 위치도
의문사 **where** /웨어r/로 물어볼 수 있습니다.

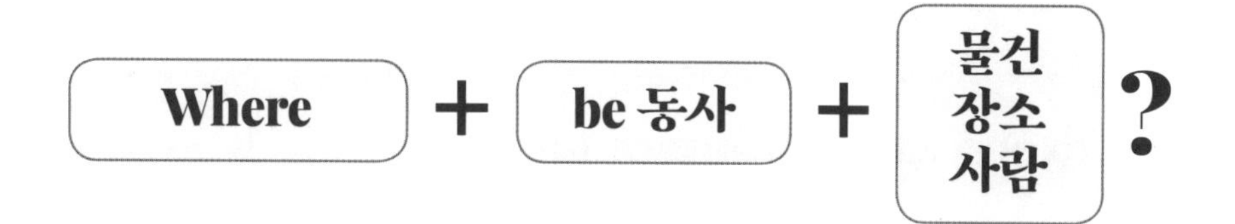

Where are you from?
웨어r 아r 유 f프뤔?
어느 나라에서 왔나요?

Excuse me.
익스큐-즈 미
실례합니다.

Where is the hotel?
웨어r 이즈 더 호텔?
호텔이 어디에 있나요?

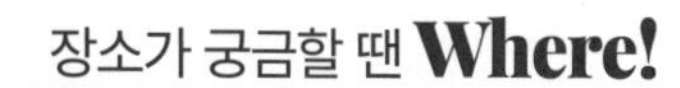

기억해요

1 국기와 어울리는 문장을 연결하세요.

- I'm from France.
- I'm from Japan.
- I'm from Australia.

✓ 여러나라의 국기를 보고 나라이름을 써보세요. 첫 글자는 대문자로 씁니다.

a n c a a d

o a k r e

i e v t n m a

i n a c h

m e a r i c a

t a w i n a

기억해요

정답

1 국기와 어울리는 문장을 연결하세요.

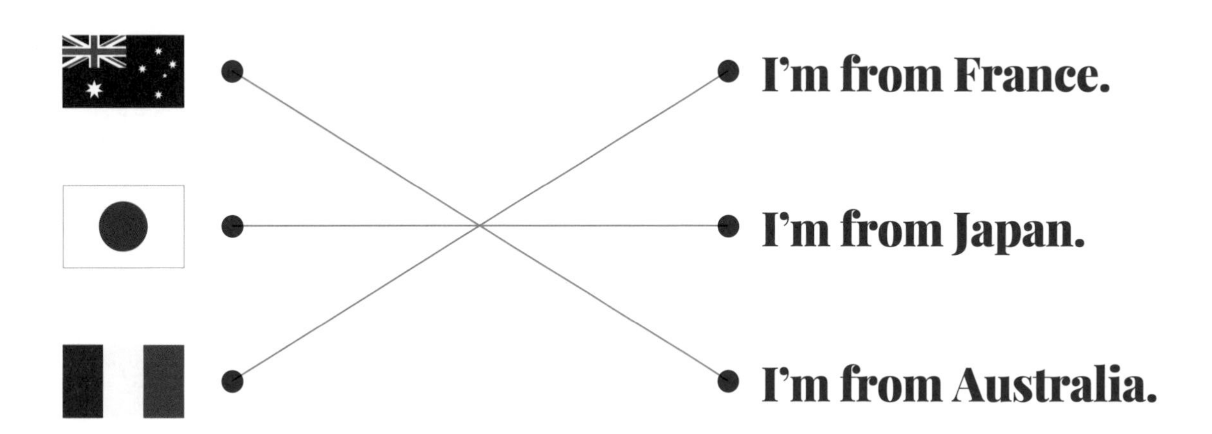

✓ 여러나라의 국기를 보고 나라이름을 써보세요.

첫 글자는 대문자로 씁니다.

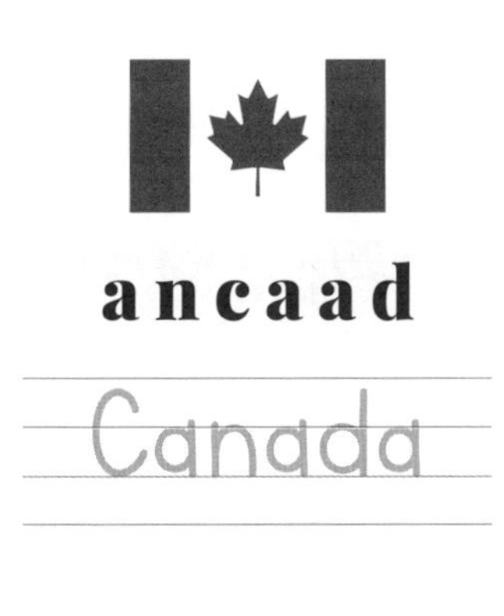

ancaad

Canada

oakre

Korea

ievtnma

Vietnam

inach

China

mearica

America

tawina

Taiwan

쉬는 시간

나라와 나라사람

나라이름과 그 나라 사람을 말하는 영어표현을 알아봅시다.

China /**좌**이나/ 중국 — **Chinese** /좌이**니**-스/ 중국인

Japan /줘**팬**-/ 일본 — **Japanese** /줘패**니**-스/ 일본인

France /f프**랜**스/ 프랑스 — **French** /f프**렌**취/ 프랑스인

Italy /**이**털리/ 이태리 — **Italian** /이**탤**리언/ 이탈리아인

America /어**메**뤼카/ 미국 — **American** /어**메**뤼칸/ 미국인

England /**잉**글런드/ 영국 — **English** /**잉**글리쉬/ 영국인

Canada /**캐**나다/ 캐나다 — **Canadian** /커**네**이디언/ 캐나다인

Vietnam /v뷔엘**남**/ 베트남 —— **Vietnamese** /v뷔엘나**미**-즈/ 베트남인

Australia /오스트**뤨**리아/ 호주 —— **Australian** /오스트**렐**리언/ 호주인

Germany /**줘**r머니/ 독일 —— **German** /**줘**-먼/ 독일인

Korea /코**뤼**아/ 한국 —— **Korean** /코**뤼**언/ 한국인

Chapter

003 What's this?

오늘의 대화

Kay **What's this?**

왇츠 디스?

이것은 무엇인가요?

June **It's a smart phone. What's that?**

잍츠 어 스마r트 f포운. 왇츠 댙?

이것은 스마트폰이에요. 저것은 무엇인가요?

Kay **It's a credit card.**

잍츠 어 크뤠딭 카r드.

그것은 신용카드입니다.

오늘의 단어

this /디스/ 이것

that /댙/ 저것

smart phone /스마r트 f포운/ 스마트폰

it /잍/ 이것, 그것

it's /잍츠/ it is의 축약형

credit card /크뤠딭 카-r드/ 신용카드

✓ 오늘의 표현

1 말하는 사람에게 가까이 있는 단수의 명사는 **this** /디스/,
멀리 있는 단수의 명사는 **that** /댙/으로 이름(명사)을 대신하여
말할 수 있습니다.

2 관사 **a** /어/는 셀 수 있는 명사의 앞에 쓰여 '한개, 하나'의 의미를 가지며,
해당 명사의 발음이 /a아, e에, i이, o오, u우/로 시작되면
관사 **an** /언/을 씁니다.
ex. **a apple** (×) → **an apple** (O)

이것은 무엇인가요?

사물의 이름/무엇인지 묻고 답하기

✓ 오늘의 단어

bike
/**바**이크/ 자전거

passport
/**패**스포r트/ 여권

tree
/트**뤼**, 츄**뤼**/ 나무

laptop
/**랩**탑/ 노트북컴퓨터

clock
/클**랔**/ 시계

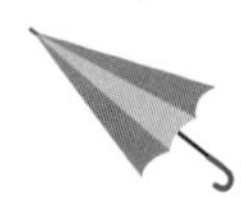

umbrella
/엄브**렐**러/ 우산

✓ 자신있게 말하기

짝과 서로 이것 혹은 저것이 무엇인지 묻고 답해보세요.

1

Lucy **What's** ________________?
Linda **It's a** ________________.

2

Thomas **What's** ________________?
Yoko **It's a** ________________.

3

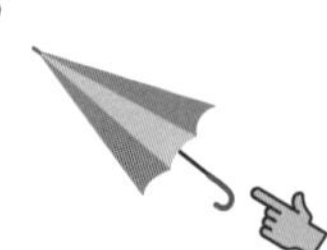

Emily ________________________?
Wang **It's an** ________________.

4

you ________________________?
mate ________________________.

정답 1 this/passport 2 that/tree 3 What's that/umbrella
4 What's this(that)?/It's a/an OOO.

조금 더 배워요

✓ 부정관사

우리말에는 없는 표현이라 약간은 낯설지만,
영어에는 **a dog** /어 **도**그/, **an egg** /언 **에**그/와 같이 셀 수 있는 명사의 앞에 그 명사의 개수가 '한 개'라는 의미로 관사 '**a** /어/'를 함께 붙여 씁니다.

그 명사 단어의 첫 소리가 모음 **a, e, i, o, u** /아, 에, 이, 오, 우/로 시작한다면 **an umbreallа** /언 엄브**렐**러/, **an orange** /언 **오**륀쥐/처럼 **an** /언/을 함께 쓴다는 점도 잘 알아두세요.

다음에서 그러한 예를 좀 더 알아봅니다.

a

a banana
/어 버**내**너/ 바나나 한 개

a house
/어 **하**우스/ 집 한 채

a puppy
/어 **퍼**피/ 강아지 한 마리

a book
/어 북/ 책 한 권

a TV
/어 티v븨/ 티비 한 대

'설탕, 물' 같이 갯수로 셀 수 없는 명사는 관사 **a**나 **an**을 쓰지 않아요!

a나 **an**은 **one**과 같은 의미!

an

an orange
/언 **오**륀쥐/ 오렌지 한 개

an egg
/언 **에**그/ 달걀 한 개

an eraser
/언 이**뤠**이저r/ 지우개 하나

an actor
/언 **액**터r/ 배우 한 명

an apple
/언 **애**플/ 사과 한 개

기억해요

1 다음을 빈 칸을 바르게 완성하세요.

This is a ________.

________ is an octopus.

________ is a table.

✓ 그림에 알맞은 단어가 되도록 글자를 찾아 완성하세요.

기억해요

정답

1 다음을 빈 칸을 바르게 완성하세요.

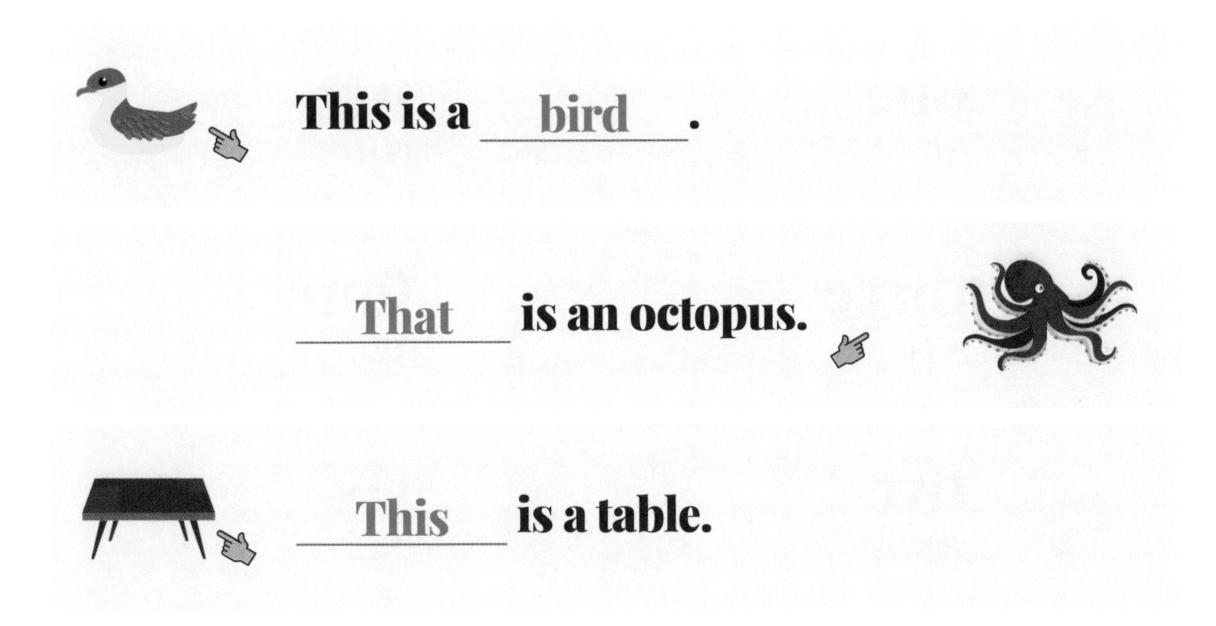

✓ 그림에 알맞은 단어가 되도록 글자를 찾아 완성하세요.

쉬는 시간

숫자

1	**one** /원/	2	**two** /투-/
3	**three** /뚜뤼/	4	**four** /f포r/
5	**five** /f퐈이v브/	6	**six** /씩스/
7	**seven** /쎄v븐/	8	**eight** /에잍/
9	**nine** /나인/	10	**ten** /텐/
11	**eleven** /일레v븐/	12	**twelve** /트웰v브/

two cats

six apples

13 **thirteen**
/떠r**티**인/

14 **fourteen**
/f포r**티**인/

15 **fifteen**
/f퓌f프**티**인/

16 **sixteen**
/씩스**티**인/

17 **seventeen**
/쎄v븐**티**인/

18 **eighteen**
/에잍**티**인/

19 **nineteen**
/나인**티**인/

20 **twenty**
/**트**웨니/

30 **thirty**
/**떠**r리/

40 **forty**
/f**포**뤼/

10 ______ **flowers**

Chapter 004 How old are you?

오늘의 대화

Kay **Happy birthday, Jenny.**
How old are you?

해피 버r쓰데이, 줴니. 하우 오울드 아r 유?

생일 축하해, 제니. 몇살이니?

Jenny **Thank you.**
I'm seven years old.

땡큐. 암 쎄v븐 이어r스 오울드.

고맙습니다. 저는 7살이에요.

오늘의 단어

happy /**해**피/ 행복한, 기분이 좋은

birthday /**버**r쓰데이/ 생일

how /**하**우/ (의문사) 어떻게, 얼마나

old /**오**울드/ 나이가 많은, 오래된

seven /**쎄**v븐/ 7, 일곱

year /**이**어r/ 해, 년

✓ 오늘의 표현

1 생일인 사람들에게 축하의 인사를 건낼때에는 **Happy birthday!** /해피 버r쓰 데이/라고 말하고 이에 **Thank you.** /땡큐/라고 답합니다.

2 의문사 **how** /하우/는 동사와 함께 말하면 수단이나 방법을 묻는 '어떻게'라는 의미로, 형용사와 함께 말하면 '얼마나'라는 의미로 쓰입니다.

3 몇 살인지 나이를 말할 때에는 나이만큼의 숫자와 **years old** /이어r스 오울드/를 함께 말합니다.

몇 살인가요?

숫자/몇 살인지 묻고 답하기

✓ 단어 연습

23	**twenty three** 트웨니 뚜뤼	30	**thirty** 떠r리
40	**forty** f포r리	59	**fifty nine** f퓌f프티 나인
62	**sixty two** 씩스티 투	70	**seventy** 쎄v븐티

✓ 자신있게 말하기

짝과 서로 다음의 대화를 연습하고 서로의 나이도 물어보세요.

1 40

Lucy **How old are you?**
Linda **I'm ________ years old.**

2 63

Thomas **How ________ are you?**
Yoko **I'm ________________ years ________.**

3 8

Emily **________ ________ ________ you?**
Wang **I'm ________ ________ old.**

4 ?

you ________________________?
mate ________________________.

정답 1 forty 2 old/sixty-three/old 3 How/old/are/eight/years
4 How old are you/I'm (숫자)old.

조금 더 배워요

의문사 how

의문사 **how**는 그 뒤에 오는 단어에 따라 의미가 달라집니다.
오늘 어떤지 묻는 인사인 **"How are you?** /하우 아r 유/"처럼 뒤에 동사가 오면 '어떻게'라는 의미가 있습니다. 그리고 형용사 또는 부사와 함께 말하면 **'얼마나 ~한, 얼마나 ~하게'**라는 의미가 있습니다.
다음에서 **how**의 두 가지 쓰임의 예를 좀 더 알아봅니다.

어떻게: how+동사

How are you today? /하우 아r 유 투데이/
오늘 기분 어때요?

How is the weather? /하우 이즈 더 웨더r/
날씨가 어때요?

How do you go to school? /하우 두 유 고 투 스쿠울/
학교에 어떻게 가니?

얼마나 ~한, ~하게: how+형용사, 부사

How far is it? /하우 f파r 이짙/
얼마나 멀어요?

How big is it? /하우 빅 이짙/
얼마나 큰가요?

How heavy is it? /하우 헤v뷔 이짙/
얼마나 무거운가요?

기억해요

1 다음을 영어로 말해보세요.

_______ birthday!
How _______ are you?

2 오늘 학습한 문장을 큰 소리로 읽으며 영어로 써보세요.

1 **Happy birthday.** 생일 축하합니다.

Happy birthday.

2 **Thank you.** 감사합니다.

Thank you.

3 **How old are you?** 몇 살인가요?

How old are you?

4 **I'm six years old.** 저는 6살이에요.

I'm six years old.

기억해요

정답

1 다음을 영어로 말해보세요.

Happy birthday!
How old are you?

Thank you.
I'm (6) six years old.

2 오늘 학습한 문장을 큰 소리로 읽으며 영어로 써보세요.

1 **Happy birthday.** 생일 축하합니다.

Happy birthday.

2 **Thank you.** 감사합니다.

Thank you.

3 **How old are you?** 몇 살인가요?

How old are you?

4 **I'm six years old.** 저는 6살이에요.

I'm six years old.

쉬는 시간

✓ **Happy Birthday song**

Happy birthday to you

해피 버r쓰데이 투 유

Happy birthday to you

해피 버r쓰데이 투 유

Happy birthday, dear (이름)

해피 버r쓰데이, 디어r (OOO)

* **dear** /디어r/ 사랑하는, 소중한

happy birthday to you~

해피 버r쓰데이 투 유~

Chapter

005 This is my family.

✓ 오늘의 대화

Kay **Who's she?**

후스 쉬?

이분은 누구인가요?

June **She's my sister.**

쉬즈 마이 씨스터r.

그녀는 나의 여동생이에요.

Kay **And who's he?**

앤(ㄷ) 후스 히?

그러면 이 남자분은 누구인가요?

June **He's my grandfather.**

히즈 마이 그뤤f파더r

그는 나의 할아버지에요.

✓ 오늘의 단어

who /후/ (의문사) 누구?

she /쉬/ (주격) 그녀는, 그녀가

she's /쉬즈/ she is의 축약형. 그녀는 ~이다, 그녀는 ~에 있다.

my /**마**이/ (소유격) 나의

sister /**씨**스터r/ 언니, 누나, 여동생

✓ 오늘의 표현

1 **who** /후/는 누구인지 궁금할 때 물어보는 의문사로 **be** /비/동사와 함께 말합니다. 한 명에 대해 묻는다면 **'who is** /후 이즈/**'**, 여러명에 대해 묻는다면 **'who are** /후 아r/**'**로 질문합니다.

2 **'나의 엄마, 나의 안경'**과 같이 무언가가 '나의' 것이라고 표현하고 싶다면 소유격 **'my** /마이/**'**의 뒤에 명사를 말하면 됩니다.
나의 책은 **my book** /마이 북/,
나의 친구는 **my friend** /마이 f프렌드/처럼 나타내면 되지요.

나의 가족입니다.

가족의 호칭, 가족 묻고 답하기

단어 연습

grandparents
/그랜페런츠/ 조부모

aunt
/앤트/ 이모, 아주머니

uncle
/엉클/ 삼촌, 아저씨

daughter
/도-러/ 딸

son
/썬/ 아들

brother
/브롸더r/ 형, 오빠, 남동생

자신있게 말하기

짝과 서로 다음의 대화를 연습하고 가족의 사진을 보며 소개해주세요.

1 조부모

Lucy **Who are they?**
Linda **They're my ________________.**

2 딸

Thomas **Who's ________?**
Yoko **She's my _______.**

3 아들

Emily ________________?
Wang **He's ________________.**

4 가족

you ________________________?
mate ________________________.

정답 1 grandparents 2 she/daughter 3 Who's he/my son 4 Who are they?/They're my family

조금 더 배워요

인칭대명사와 소유격

"오늘 Jimmy를 만나서 Jimmy와 함께 점심도 먹고 커피도 마셨는데 Jimmy는 다음달에 Jimmy의 사촌들을 만나러 미국으로 갈거래."

이렇게 누군가에 대하여 말하거나 상대와 대화할 때 매번 그 사람의 이름을 부르면서 말하기는 번거롭습니다. 그럴 때에는 인칭대명사를 활용하면 훨씬 더 수월합니다.

주격 (~은/는, ~이/가)	소유격 (~의)
I /아이/ 나는	**my** /마이/ 나의
We /위/ 우리는	**our** /아워r/ 우리의
You /유/ 당신은	**your** /유어r/ 당신의
She /쉬/ 그녀는	**her** /허r/ 그녀의
He /히/ 그는	**his** /히스/ 그의
They /데이/ 그들은	**their** /데어r/ 그들의
It /잍/ 이것은	**its** /잍츠/ 이것의

1 나의 손주들
_____ grandchildren

2 그의 고양이
_____ cat

3 그녀의 책
_____ book

정답 1 my 2 his 3 her

기억해요

1 그림과 어울리는 단어를 찾아 연결하세요.

- aunt and uncle
- mother
- grandchildren
- grandmother

✓ 사진속의 인물이 누구인지 답하세요.

1 Who are they? (조부모)
They're my ____________.

2 Who is she? (딸)
She's my ____________.

3 Who is she? (엄마)
She's ________ ____________.

4 Who is he? (아빠)
________ ________ ____________.

기억해요

정답

1 그림과 어울리는 단어를 찾아 연결하세요.

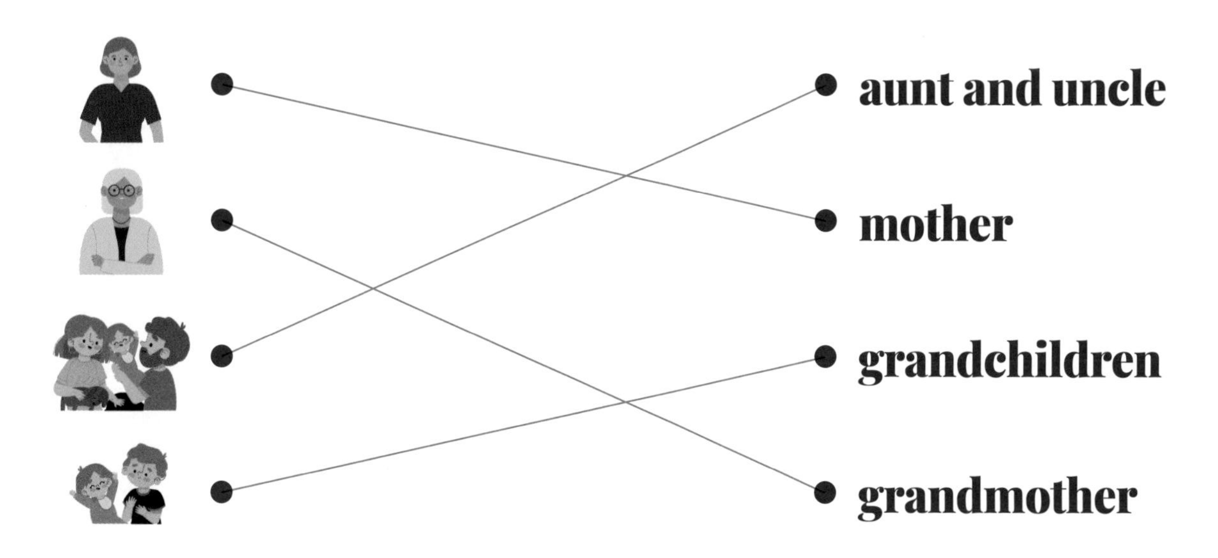

aunt and uncle

mother

grandchildren

grandmother

✅ 사진속의 인물이 누구인지 답하세요.

1

Who are they? (조부모)
They're my grandparents .

2

Who is she? (딸)
She's my daughter .

3

Who is she? (엄마)
She's my mother/mom .

4

Who is he? (아빠)
He's my father/dad .

쉬는 시간

가족의 호칭

가족관계가 우리나라처럼 넓지 않은 영미권에서는 가족의 호칭도 우리나라에 비하면 비교적 간단한 편이에요.

grandfather /그랜f파더r/, **grandpa** /그랜파/ 할아버지

grandmother /그랜마더r/, **grandma** /그랜마/ 할머니

grandparents /그랜패뤈츠/ 조부모

children /췰드뤈/ 아이들(자녀)

grandchildren /그랜췰드뤈/ 손주

mom /맘/ 엄마, **mother** /마더r/ 어머니

dad /댇/ 아빠, **father** /파더r/ 아버지

parents /패뤈츠/ 부모님

brother /브롸더r/ 형, 오빠, 남동생

sister /씨스터r/ 여동생, 언니, 누나

mother-in-law /마더r인로/ 장모님, 시어머니

father-in-law /파더r인로/ 장인, 시아버지

son-in-law /썬인로/ 사위

daughter-in-law /도러인로/ 며느리

Are you a student?

✓ 오늘의 대화

Kay **Are you a student?**

아r 유 어 스튜든트?

당신은 학생인가요?

June **Yes, I am.**
Are you a business person?

예스, 아이 앰. 아r 유 어 비지니스 퍼r슨?

네, 그렇습니다. 당신은 사업가 인가요?

Kay **No, I'm not. I'm an actress.**

노우, 암 낱. 암 언 액츄뤠스.

아니요. 그렇지 않아요. 저는 배우에요.

✓ 오늘의 단어

student /스**튜**든트/ 학생

business person /**비**지니스 **퍼**r슨/ 사업가

not /낱/ ~아니다

actress /**액**츄뤠스/ 여배우

✅ 오늘의 표현

1 상대방의 직업이 궁금할 때는 **'Are you** /아r 유/ **+ 직업명?'**으로 질문합니다. 이때 직업의 이름 앞에 부정관사 **'a** /어/나 **an** /언/**'**을 함께 말하도록 합니다.

2 **'Are you** /아r 유/**...?'** 에 대해
긍정일 경우 **"Yes, I am** /예스, 아이 앰/**."**
부정일 경우 **"No, I'm not** /노우, 암 낱/**."**으로 답합니다.

당신은 학생입니까?

직업/직업 묻고 답하기

단어 연습

hair stylist
/**헤**어r **스**타일리스트/ 미용사

writer
/**롸**이러r/ 작가

police officer
/폴**리**스 **오**f피서r/ 경찰관

server
/**써**r-v버r/ 웨이터, 웨이츄레스

attendant
/어**텐**던트/ 승무원

vet
/v벹/ 수의사

자신있게 말하기

짝과 서로 다음의 대화를 연습하세요.

1

Lucy **Are you a student?**
Linda **No, I'm not. I'm a** (요리사)________.

2

Thomas ________ **you a police officer?**
Yoko **No, I'm not.** (작가)________________.

3

Emily ________ ________ **a dancer?**
Wang (학생)__________________________.

4

you ____________________________?
mate ____________________________.

정답 1 chef 혹은 cook 2 Are/I'm a writer. 3 Are/you/No, I'm not./I'm a student 4 Are you an attendant/Yes, I am.

조금 더 배워요

✓ be동사의 의문문

'당신의 선생님은 키가 큰가요?', '고양이가 테이블 아래에 있나요?'처럼 문장 주어의 모양, 상태, 신분, 이름, 그리고 위치 등에 대해 의문이 생긴다면 **be동사**를 사용하여 물어볼 수 있습니다.

일반적인 문장은 **'주어 + be동사...'**의 순서이지만 의문문일 땐 **'be동사 + 주어...?'**의 순서로 물어봅니다.

즉 상대방에 대해 **'Are you** /아r 유/**...?'**라고 질문을 할 때는 be동사가 문장의 맨 앞에 오고 뒤이어 주어 **you** /유/가 오는 것이지요. 이 질문에 긍정의 대답할 때는 **"Yes, I am** /예스, 아이 앰/**."** 그 부정의 대답은 **"No, I'm not.** /노우, 암 낱/**"**으로 합니다.

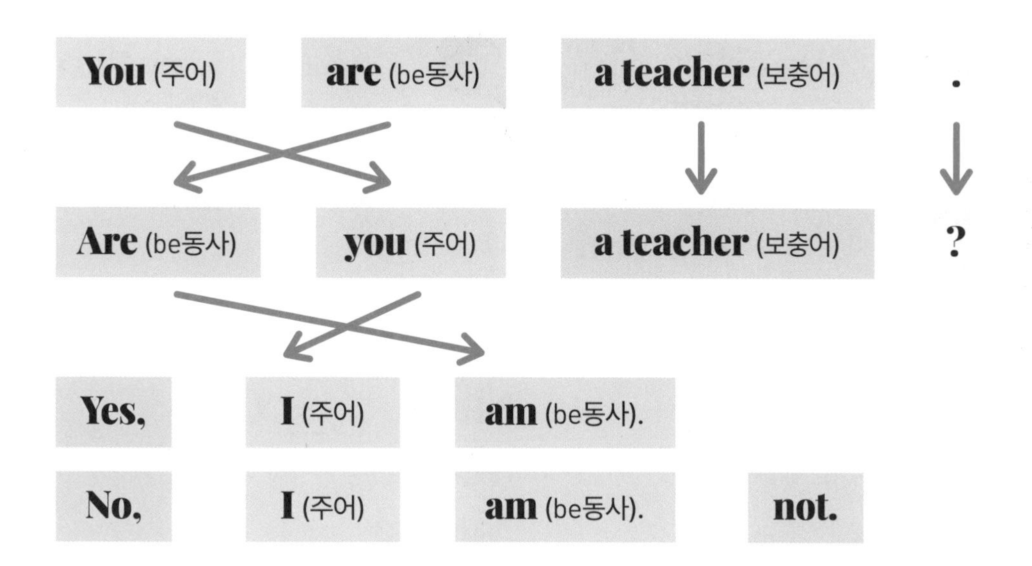

기억해요

1 그림과 어울리는 문장을 찾아 연결하세요.

- He's a chef.
- She's a singer.
- They're students.
- I'm a hair stylist.

✓ 그림속 인물의 정보를 이용하여 문장을 만들어보세요.

Name	Daniel
Nationality	Germany
Age	48 years old
Job	teacher

His _____ is Daniel.
He's from _____.
_____ 48 _____ old.
He's a _____.

Name	Lucy Chen
Nationality	China
Age	23 years old
Job	dancer

She is _____.
She's _____ China.
She's 23 _____ old.
She's a _____.

기억해요

정답

1 그림과 어울리는 문장을 찾아 연결하세요.

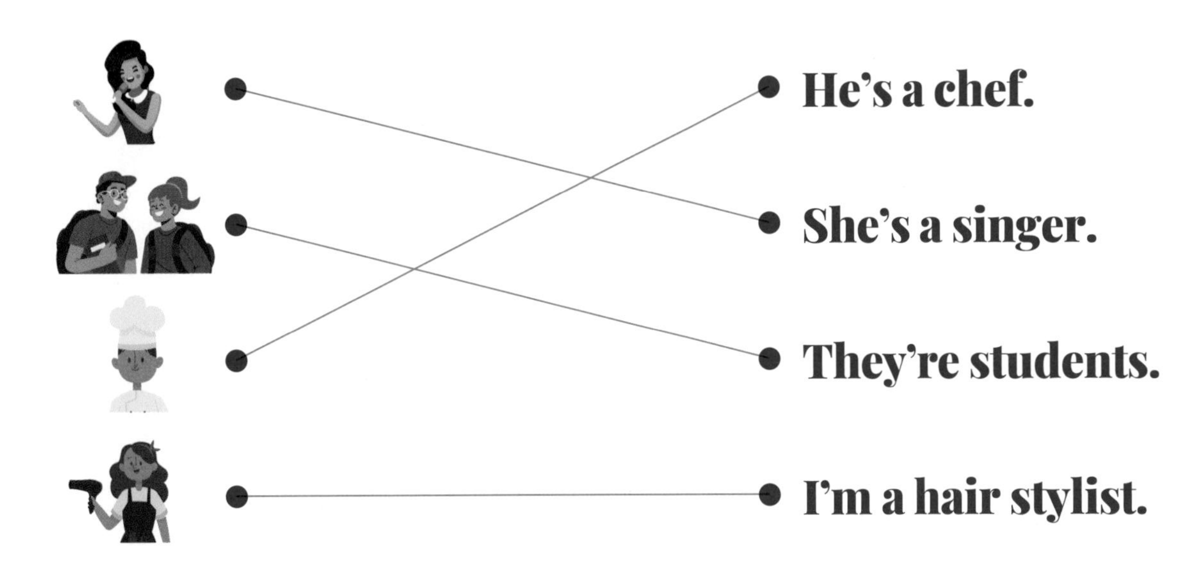

✅ 그림속 인물의 정보를 이용하여 문장을 만들어보세요.

Name	**Daniel**
Nationality	**Germany**
Age	**48 years old**
Job	**teacher**

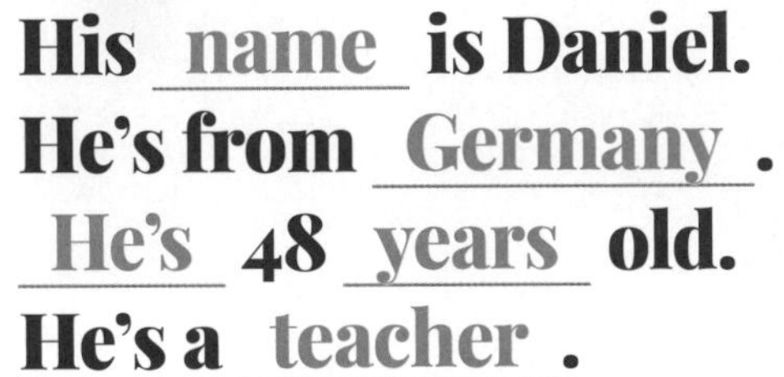

Name	**Lucy Chen**
Nationality	**China**
Age	**23 years old**
Job	**dancer**

She is Lucy Chen **.**
She's from **China.**
She's 23 years **old.**
She's a dancer **.**

쉬는 시간

✓ 팁문화

미국이나 캐나다 등지에서는 서비스에 해당하는 팁을 주는 것이
관습이자 의무이기까지 합니다.
팁 문화에 익숙하지 않을 경우 추가 비용을 내야 한다는 생각에
거부감이 들수도 있어요.

그러면 팁은 얼마가 적당할까요? 이는 **서비스의 정도와 손님 수**에
달려있습니다. 만약 음식을 오래 기다렸거나 종업원이 무례하고
서비스가 형편없었다면 최소한의 팁만 주거나 아예 팁을 주지 않아도 괜찮습니다.

반면 매우 훌륭한 서비스를 받았고 다수의 일행이 장시간 테이블을 차지하고 있는 경우, 또는 아이들을 데려왔는데 소란을 피웠다면 미안해서라도 넉넉히 팁을 남기는 것이 좋아요. 기본적으로 최고의 서비스를 받았다면

식사금액의 15~20%, 불만족스런 서비스에는 10%

(세금 전 금액에서의)의 팁이면 적당하다고 합니다.

레스토랑의 서버 뿐만 아니라 바의 웨이터, 호텔의 객실미화원, 배달원, 택시운전사, 또는 미용사들에게도 팁을 줍니다.

Chapter 007

Do we have any apples?

오늘의 대화

Kay **Do we have any apples?**

두 위 해v브 애니 애플스?

사과 있나요?

June **Yes, we do. We have three apples. Do we have any tomatoes?**

예스, 위 두. 위 해v브 뜨뤼 애플스. 두 위 해v브 애니 터메이로우스?

네, 3개 있어요. 토마토는 있어요?

Kay **No, we don't have any tomatoes.**

노우, 위 도운(트) 해v브 애니 터메이로우스.

아니요, 토마토는 없네요.

오늘의 단어

have /해v브/ 가지고 있다

any /애니/ (부정문) 약간의, 몇몇의

apples /애플스/ 사과(apple)의 복수형

tomatoes /터메이로우스/ 토마토(tomato)의 복수형

we /위/ (주격)우리는, 우리가

don't /도운(트)/ (부정문) ~하지 않다

오늘의 표현

1 "펜을 가지고 있나요?", "그녀가 오늘 파티에 올꺼라고 생각해요?"처럼 일반동사를 활용한 질문을 하길 원한다면 **"Do you** /두 유/ **+ 동사원형...?"**의 형태로 물어봅니다. 이때 **do** /두/는 의문문을 만드는 기능을 합니다.

2 **"Do you** /두 유/ **+ 동사원형?"**의 질문에 긍정의 답은 **"Yes, I do** /예스, 아이 두/**."** 부정의 답은 **"No, I don't** /노우, 아이 도운트/**."**로 합니다.

3 **some**과 **any**는 '약간, 조금의, 얼마간의'라는 의미의 단어입니다. some은 주로 긍정문에, any는 부정문과 의문문에 사용됩니다.

No, We don't have any tomatoes.

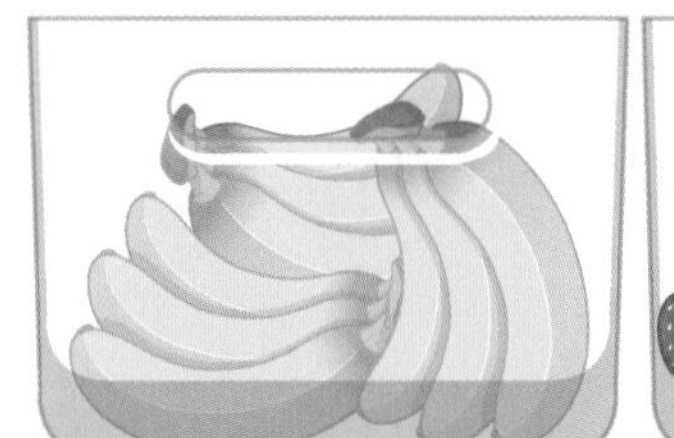

사과가 좀 있나요?

과일/소유의 질문과 답하기

1 단어 연습

banana
/버내너/ 바나나

grapes
/그뤠잎스/ 포도

strawberry
/스트로베뤼/ 딸기

watermelon
/워러r멜런/ 수박

peach
/피-취/ 복숭아

pear
/페어r/ 배

✓ 자신있게 말하기

짝과 서로 어떤 과일을 몇 개 가지고 있는지 대화를 연습하세요.

1

Lucy **Do you have any strawberries?**
Linda **Yes, I do. I have** (몇 개의) ______ ______.

2

Thomas **Do you have any** ______?
Yoko **Yes, I do. I have** (5) ______ ______.

3

Emily ______ **you** ______ ______ ______?
Wang ______, **I** ______. **I have** (2) ______ ______.

4

you ______________________________?
mate ______________. ______________ (any) ______.

정답 1 some/strawberries 2 apples/five/apples 3 Do/have/any/peaches/Yes/do/two/peaches 4 Do you have any grapes/No, I don't. I don't have any grapes.

조금 더 배워요

명사의 단수형과 복수형

영어는 수에 따라 구성되는 단어가 달라지므로
명사의 단수와 복수를 구별하는게 중요해요. 바나나, 자동차처럼 갯수로 셀 수 있는 명사가 한 개 있을 때에는 단어 앞에 **a** /어/ 또는 **an** /언/을 붙이고 **'단수명사'**라고 합니다.
그리고 사람들, 나무들 처럼 갯수로 셀 수 있는 단어가 여러개가 있다면 그 단어(명사)의 끝에 **-s**를 붙이고 **'복수명사'**라고 말합니다.
복수명사를 만드는 방법을 알아봅시다.

1 명사의 뒤에 **-s**를 붙입니다.

자동차	**a car** /어 카r/	**cars** /카r-스/
자전거	**a bike** /어 바잌/	**bikes** /바잌스/
연필	**a pencil** /어 펜슬/	**pencils** /펜슬스/

2 **y**로 끝나는 명사는 **y**를 **i**로 바꾼 후 **es**를 붙입니다.

도시	**a city** /어 씨티, 씨리/	**cities** /씨티스, 씨리스/
아기	**a baby** /어 베이비/	**babies** /베이비스/
스파이	**a spy** /어 스파이/	**spies** /스파이스/

3 **s, ss, sh, x, o, z**로 끝나는 명사는 끝에 **es**를 붙입니다.

원피스	**a dress** /어 드뤠스/	**dresses** /드뤠시스/
상자	**a box** /어 박스/	**boxes** /박씨스/
감자	**a potato** /어 포테이로우/	**potatoes** /포테이로우스/

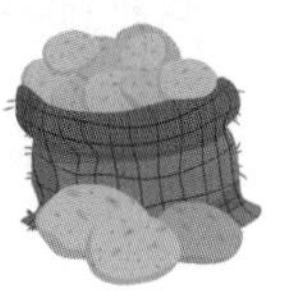

4 완전히 모양이 변하거나 단수와 복수가 같은 명사도 있어요.

쥐	**a mouse** /어 마우스/	**mice** /마이스/
양	**a sheep** /어 쉽/	**sheep** /쉽/
어린이	**a child** /어 촤일드/	**children** /췰드뤈/

기억해요

1 그림과 어울리는 단어를 찾아 연결하세요.

✅ 다음 문장을 바르게 완성해보세요.

우리에게 바나나가 있나요? (Do / bananas / any / have / we / ?)

____

우리에겐 딸기가 좀 있어요. (some / we / have / strawberries)

____

우리에겐 토마토가 전혀 없어요. (any / we / don't / tomatoes / have)

____

우리에겐 6개의 복숭아가 있네요. (we / six / peaches / have)

____

기억해요

정답

1 그림과 어울리는 단어를 찾아 연결하세요.

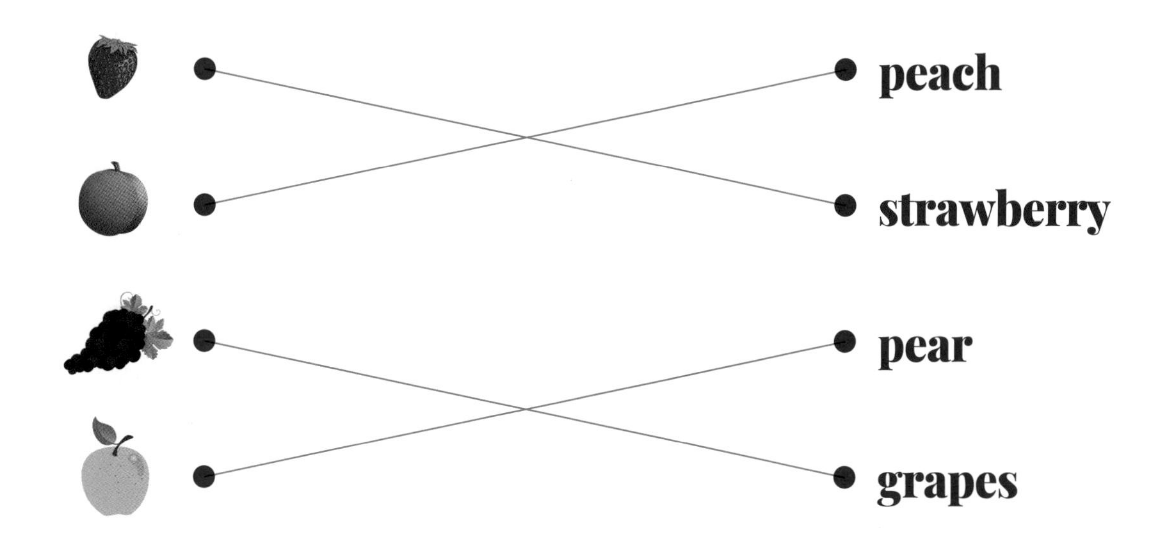

✅ 다음 문장을 바르게 완성해보세요.

우리에게 바나나가 있나요? (Do / bananas / any / have / we / ?)

Do we have any bananas?

우리에겐 딸기가 좀 있어요. (some / we / have / strawberries)

We have some strawberries.

우리에겐 토마토가 전혀 없어요. (any / we / don't / tomatoes / have)

We don't have any tomatoes.

우리에겐 6개의 복숭아가 있네요. (we / six / peaches / have)

We have six peaches.

쉬는 시간

계란요리

미국이나 캐나다의 아침식사는 팬케잌, 스테이크, 씨리얼, 머핀, 오트밀, 베이글, 감자튀김, 또는 오믈릿 등이 나오며 계란요리도 많이 먹습니다.
계란 요리 이름을 알아봅니다.

fried eggs /프라이드 에그스/ — 계란 후라이

1 **scrambled eggs** /스크램블드 에그스/
계란을 풀어 팬에서 휘저어 볶는 계란요리

2 **sunny-side up** /써니싸이드 엎/
계란 노른자가 마치 태양처럼 예쁘게 하늘을 향하고 있는 모양으로 반숙 정도 요리한 것

3 **overeasy** /오우v버r 이지/
노른자위를 흰자위가 덮고 있는 모양의 반숙요리

4 **well-done** /웰던/
계란을 완전히 다 익힌 것

How would you like your eggs?
하우 우쥬 라잌 유어r 에그스?
계란을 어떻게 해드릴까요?

boiled eggs /보일드 에그스/ — 삶은 계란

5 **soft-boiled** /소f프트 보일드/

반숙으로 삶은 계란 요리

6 **hard-boiled** /하r드 보일드/

완숙으로 삶은 계란 요리

7 **poached egg** /포우취드 에그/

수란. 물에 계란을 깨 넣고 모양을 잡아서 익히는 요리

Sunny-side up, please.
/써니 싸이드 엎, 플리~즈/

hard-boiled, please.
/하r드 보일드, 플리~즈/

Chapter

008 Do you like pasta?

✓ 오늘의 대화

Kay **Do you like pasta?**

두 유 라잌 파스타?

파스타 좋아해요?

June **Yes, I do. I like pasta.**
Do you like pasta, too?

예스, 아이 두. 아이 라잌 파스타. 두 유 라잌 파스타, 투?

네, 저는 파스타를 좋아해요. 당신도 파스타를 좋아하나요?

Kay **No, I don't. But I love pizza.**

노우, 아이 도운(트). 벋 아이 러v브 핏짜.

아니요. 하지만 저는 피자를 매우 좋아해요.

✓ 오늘의 단어

like /라이크/ 좋아하다,

pasta /파스타/ 파스타(이탈리아 국수요리)

don't /도운트/ ~하지 않다

but /벋/ 그러나, 하지만

love /러v브/ 사랑하다, 매우 좋아하다

pizza /핏짜/ 피자(이탈리아 요리)

오늘의 표현

1 상대가 어떤 것을 좋아하는지 물어보고 싶다면
"Do you like /두 유 라잌/**...?"**이라고 묻습니다.
like 뒤에는 음식, 사람, 색깔, 스포츠, 계절, 노래 등 다양한 단어를 활용하여 질문할 수 있어요.

2 **"Do you like** /두 유 라잌/**...?"**의 질문에 긍정으로 대답한다면
"Yes, I do /예스, 아이 두/**."**로,
부정으로 대답한다면 **"No, I don't** /노우, 아이 도운(트)/**."**로 답합니다.

3 좋아하는 어떤 것에 대하여 말하는 다양한 표현이 있는데
그 중 하나가 '매우 좋아하다, 사랑하다'라는 동사 **love** /러v브/를
활용하는 것입니다.
액션 영화를 매우 좋아한다면 **"I love action movies**
/아이 러v브 액션 무v뷔스/**."**라고 표현하거나
국수를 정말로 좋아한다면 **"I love noodles** /아이 러v브 누를스/**!"**
라고 말할 수 있겠지요.

파스타 좋아해요?

음식의 이름/좋아하는 음식 묻고 답하기

1 단어 연습

pasta
/파스타/ 파스타

salad
/샐럳/ 샐러드

tacos
/타코우스/ 타코

chicken
/취큰/ 치킨

noodles
/누를스/ 국수

sandwich
/쌘-위취/ 샌드위치

✓ 자신있게 말하기

짝과 서로 좋아하는 음식을 묻고 답해봅니다.

1

Lucy **Do you like ______?**
Linda **Yes, I do.**

2

Thomas **Do you ______ ______?**
Yoko **No, I ______.**

3

Emily **______ you like ______?**
Wang **Yes, I ______.**

4

you ______________________?
mate ______________________.

정답 1 chicken 2 like, noodles, don't 3 Do, salad, do 4 Do you like tacos? Yes, I do. 또는 No, I don't.

조금 더 배워요

✓ 갯수로 셀 수 없는 물질 명사

'책, 고양이, 나무'와 같이 하나, 둘... 개수로 셀 수 있는 명사도 있지만 '설탕, 우유, 돈'처럼 양으로 따지는 명사(물질명사)들도 있답니다. 이런 명사들은 일정한 형태가 없고 모양이 변하더라도 기능이나 성질에는 변함이 없어요. 개수로 셀 수는 없지만 **'a glass of water** /어 글래스 옵 워러/**'**, **'a slice of cheese** /어 슬라이스 옵 취-즈/**'**처럼 어떤 용기에 담겨 있는지 혹은 어떤 모양을 하고 있는지에 따라 양을 따질 수는 있어요. 물질 명사 자체를 복수형으로 만들수는 없지만 **'two glasses** /투 글래시스, 두 잔/**'**, **'three cartons** /뜨뤼 카r튼스, 세 갑/**'**처럼 단위에 복수형을 만드는 것은 가능하답니다.
* **carton** /카r튼/ (음식이나 음료를 담는 단위) 갑, 통, 팩

이런 명사들의 예를 더 알아봅시다.

물질명사	수+단위명사+of+물질명사
water /워러r/	**two glasses of water** /투 글래시스 옵 워러r/ 물 두잔
sugar /슈거r/	**a spoonful of sugar** /어 스푼f풀 옵 수거r/ 설탕 한 숟가락
rice /롸이스/	**three bowls of rice** /뜨뤼 보울스 옵 롸이스/ 밥 세 공기
coffee /커f퓌/	**three cups of coffee** /뜨뤼 컾스 옵 커f퓌/ 커피 세 잔
pizza /핏짜/	**two slices of pizza** /투 슬라이시스 옵 핏짜/ 피자 세 조각

two ___ of pizza
slice /슬라이스/ 조각

three ___ of milk
bottle /바틀, 바를/ 병

a ___ of coffee
cup /컾/ 잔

정답 1 slices 2 bottles 3 cup

기억해요

1 다음 영어 단어와 우리말 뜻을 바르게 연결하세요.

pizza ●	● 피자
pasta ●	● 국수
omelet ●	● 샌드위치
noodles ●	● 파스타
sandwich ●	● 오믈렛

괄호 안의 단어를 바르게 배열하여 문장을 만들고 써보세요.

1 당신은 타코를 좋아합니까? (tacos / you / like / do / ?)

2 저는 샐러드를 좋아하지 않아요. (don't / salad / I / like)

3 저는 국수를 너무 좋아해요. (love / I / noodles)

기억해요

정답

1 다음 영어 단어와 우리말 뜻을 바르게 연결하세요.

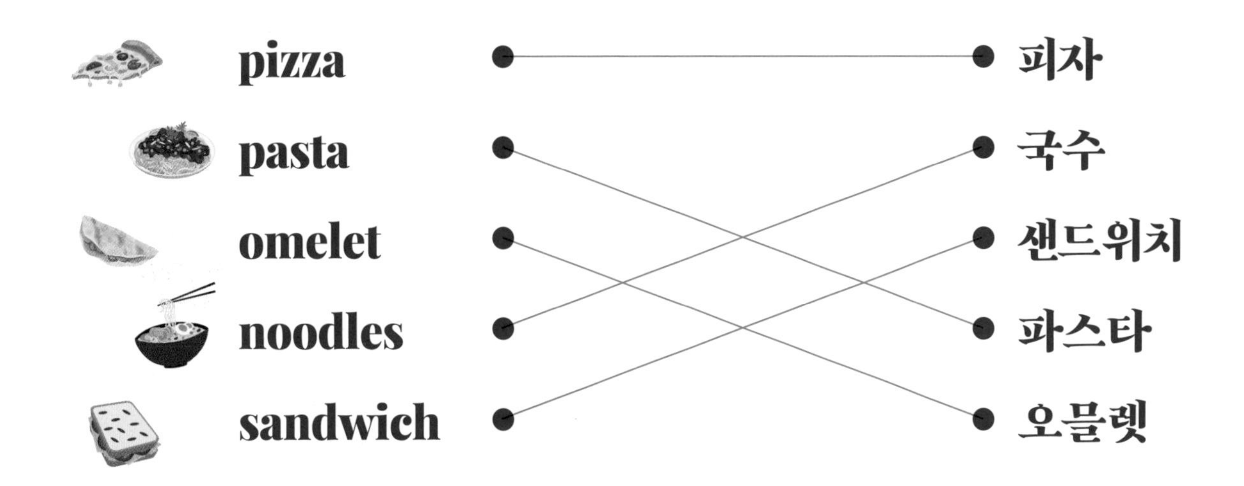

괄호 안의 단어를 바르게 배열하여 문장을 만들고 써보세요.

1 당신은 타코를 좋아합니까? (tacos / you / like / do / ?)

Do you like tacos?

2 저는 샐러드를 좋아하지 않아요. (don't / salad / I / like)

I don't like salad.

3 저는 국수를 너무 좋아해요. (love / I / noodles)

I love noodles.

쉬는 시간

음식점 이름으로 배우는 영어

우리 주변에서 볼 수 있는 음식점 이름을 통하여 배울 수 있는
영어와 문화를 알아보아요.

1 Pizza Hut 피자헛

1958년 만들어진 피자헛은 초기에 빨간색 지붕으로 유명했어요.
hut /헡/은 낮은 지붕의 단층집을 말하는데
바로 피자헛 로고가 그런 모양으로 생긴 이유입니다.

이 프렌차이즈 도넛가게의 이름은 커피를 도넛에 적셔 먹는 오래된 습관인
'dunkin /덩킹/'에서 유래했다고 합니다. 도넛은 원래 철자인 **'doughnut'**
혹은 요즘 사용되는 철자인 **'donut'**으로 2가지가 있어요.

3 T.G.I.Fridays 티쥐아이 프라이데이스

패밀리 레스토랑 **T.G.I.Fridays**는 **"Thank God It's Fridays."**의 줄임말입니다.

주말이 곧 다가오는 설레는 감정을 나타내는 흔한 영어표현입니다.

4 McDonald's 맥도날드

1940년 리차드와 모리스 형제가 시작한 작은 음식점입니다.

영어에서는 어포스트로피(')와 s를 사용하여 무언가가 누구의 소유인지 밝히는데,

맥도날드는 이 음식점이 누구에 의해서 운영되는지 말해줍니다.

Wendy's(웬디스)와 **Domino's**(도미노피자)도 마찬가지입니다.

Chapter

009 How's the weather?

오늘의 대화

Kay **How's the weather outside?**

하우스 더 웨더r 아웃싸이드?

밖의 날씨는 어떤가요?

June **It's snowing heavily.**

잍츠 스노우윙 헤v블리

눈이 많이 와요.

오늘의 단어

how /하우/ (의문사) 어떻게, 얼만큼

weather /웨더r/ 날씨

outside /아웉싸이드/ 외부, 바깥

snow /스노우/ 눈, 눈이 오다

snowing /스노우윙/ 눈이 오는

heavily /헤v블리/ (양, 정도가) 심하게, 아주 많이

✓ 오늘의 표현

1 의문사 **how** /하우/는
뒤에 동사가 오면 '어떻게?'라는 뜻을 지닌 의문사가 되므로
날씨가 어떤지 물어볼 수 있습니다.

2 날씨가 어떤지 말할 때에는
주어로 사용되지만 어떤 것도 칭하는 것이 없다는 의미의 '비인칭주어' **it** /잍/을
문장의 주어로 하여 말합니다.

It's snowing heavily.

날씨가 어때요?

날씨의 표현/날씨 묻고 답하기

1 단어 연습

rainy
/뤠이니/ 비가 오는

cloudy
/클라우디/ 구름이 낀, 흐린

windy
/윈디/ 바람이 부는

hot
/할/ 더운, 뜨거운

cold
/코울드/ 추운

sunny
/써니/ 화창한, 맑은

☑ 자신있게 말하기

짝과 서로 오늘의 날씨에 대하여 묻고 답해봅시다.

1

Lucy **How's the weather today?**
Linda **It's ____________.**

2

Thomas **How's the ______ today?**
Yoko **It's ____________.**

3

Emily **______ the ______ today?**
Wang **It's ____________.**

4

you ______________________________?
mate ______________________________.

정답 1 cloudy 2 weather/cold 3 How's/weather/hot 4 How's the weather today? It's sunny.

조금 더 배워요

비인칭 it

아래 문장들의 공통점은 모두 **it** /잍/이 주어라는 것입니다.
it은 **'이것'** 또는 **'그것'** 등을 의미하는 지시대명사이지만 아래의 문장들처럼 **시간, 날씨, 날짜, 요일, 거리, 밝고 어두움 등**을 표현할 때 주어로 사용합니다. 이때에는 '이것', '저것'이라는 뜻이 아닌 아무것도 지칭하는 것이 아니라 **'비인칭'**이라고 합니다.

비인칭주어 **it**으로 말하는 문장들의 예를 살펴봅시다.

시간	**It's eight o'clock.** /잍츠 에잍 어클락/ 8시입니다.
요일	**It's Saturday.** /잍츠 쌔러r데이/ 토요일입니다.
날짜	**It's July seventh.** /잍츠 쥴라이 쎄v븐뜨/ 7월 7일입니다.
날씨	**It's so cold.** /잍츠 쏘우 코울드/ 너무 추워요.
거리	**It's not that far.** /잍츠 낱 댙 f퐈r/ 그렇게 멀지 않아요.
명암	**It's getting dark.** /잍츠 게링 다r크/ 점점 어두워지네요.

It's so hot! Let's go swimming.
/잍츠 쏘우 핱! 레츠 고우 스위밍./
너무 더워요! 함께 수영하러 가요.

기억해요

1 다음 보기에서 맞는 단어를 골라 쓰세요.

cloudy	sunny	windy
cold	hot	snowy

1 더운, 뜨거운 ( )

2 바람이 부는 ( )

3 추운 ( )

4 흐린, 구름이 낀 ( )

5 눈이 오는 ( )

6 화창한 ( )

✅ 다음 문장을 완성하세요.

1
오늘 날씨가 어때요?
How's the ________ today?

2
바람이 불어요.
It's ________.

3
너무 더워요.
It's so ________.

4
눈이 많이 오네요.
________________________________.

기억해요

정답

1 다음 보기에서 맞는 단어를 골라 쓰세요.

cloudy	sunny	windy
cold	hot	snowy

1 더운, 뜨거운 (hot)
2 바람이 부는 (windy)
3 추운 (cold)
4 흐린, 구름이 낀 (cloudy)
5 눈이 오는 (snowy)
6 화창한 (sunny)

다음 문장을 완성하세요.

1
오늘 날씨가 어때요?
How's the weather today?

2
바람이 불어요.
It's windy.

3
너무 더워요.
It's so hot.

4
눈이 많이 오네요.
It's snowing heavily.

쉬는 시간

월과 계절

spring
/스프링/ 봄

summer
/써머r/ 여름

fall/autumn

/f폴/어럼/ 가을

September

/쎞템버r/ 9월

October

/악토우버r/ 10월

November

/노v벰버r/ 11월

winter

/윈터r/ 겨울

Chapter 010

Where are you?

✓ 오늘의 대화

Kay **Where are you?**

웨어r 아r 유?

어디에 있나요?

June **I'm in my bedroom. Where are you?**

암 인 마이 베드룸. 웨어r 아r 유?

저는 제 방에 있어요. 당신은 어디에 있나요?

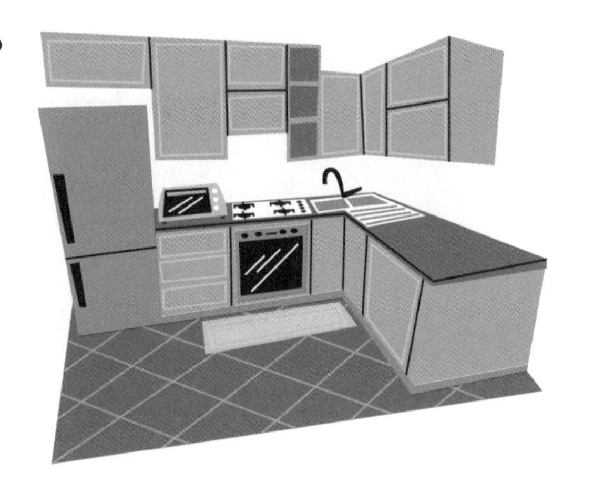

Kay **I'm in the kitchen.**

암 인 더 키췬.

저는 주방에 있어요.

✓ 오늘의 단어

where /웨어r/ (의문사) 어디에?

bedroom /베드룸/ 침실

the /더/ (정관사) 그~

kitchen /키췬/ 주방, 부엌

in /인/ (전치사) ~의 안에

✓ 오늘의 표현

1 **where** /웨어r/은 어느 곳인지 장소가 궁금할 때 쓰는 의문사입니다.
그가 어디에 있는지 궁금하면 **"Where is he** /웨어r 이즈 히/**?"**,
내 가방이 어디에 있는지는
"Where is my bag /웨어r 이즈 마이 백/**?"**이라고
질문하면 됩니다.

2 **in** /인/은 **'~의 안에'**라는 뜻으로
무언가의 위치를 말할 때 나타내는 명사의 앞에 함께 쓰이는
단어(전치사)입니다.

3 정관사 **the** /더/는 앞에 말한 명사를 칭하거나
대화하는 사람들끼리 알고 있는 것, 세상에 하나뿐인 것 등을 칭할 때
명사의 앞에 쓰여요.

당신은 어디에 있나요?

집 안의 공간/어디에 있는지 묻고 답하기

1 단어 연습

livingroom
/리v빙룸/ 거실

basement
/베이스먼트/ 지하

bathroom
/배쓰룸/ 욕실

study
/스터디/ 서재

garage
/거롸-쥐/ 차고

dining room
/다이닝룸/ 식당, 다이닝룸

✓ 자신있게 말하기

짝과 서로 어디에 있는지 묻고 답해봅니다.

1

Lucy **Where are you?**
Linda **I'm in the ____________.**

2

Thomas **Where are ____________?**
Yoko **I'm in the ____________.**

3

Emily **______ are ______?**
Wang **I'm ________________________.**

4

you ____________________________?
mate ____________________________.

정답 1 livingroom 2 you/study 3 Where/you/in the bathroom 4 Where are you? I'm in the garage.

조금 더 배워요

위치전치사

"바구니 '안에' 달걀이 몇 개 있어요.", "책상 '위에' 책이 있어요"처럼
우리말의 **'~에, ~아래에, ~위에'**와 같이
사람이나 사물이 어느 장소에 있는지 위치를 말할 때 사용하는 단어를
전치사라고 해요. 명사나 대명사의 앞에 놓인다고 하여 전치사라고 합니다.
우리말이 명사나 대명사의 뒤에 위치하는 것과는 상반됩니다.

다음의 그림을 보고 몇 가지 전치사를 배워보아요.

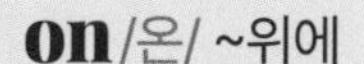

in /인/ ~의 안에

on the table /온 더 테이블/
테이블 위

in the box /인 더 박스/
상자 안에

next to the ball /넥스 투 더 볼/
공의 옆에

under the table /언더r 더 테이블/
테이블 아래에

next to /넥스 투/ ~의 옆에

under /언더r/ ~의 아래에

기억해요

1 다음의 그림과 일치하는 영어 표현을 연결하세요.

●	● on the table
●	● under the book
●	● in the box
●	● next to the bag

✓ 다음의 문장을 완성해보세요.

1 당신은 어디에 있나요?
Where ________ you?

2 나는 욕실에 있습니다.
I'm ________ the ________.

3 고양이는 테이블 아래에 있어요.
The cat ________ ________ the table.

4 시계는 책상 위에 있어요.
The clock ________ ________ the ________.

5 사과는 수박 옆에 있습니다.
________________________________.

기억해요

정답

1 다음의 그림과 일치하는 영어 표현을 연결하세요.

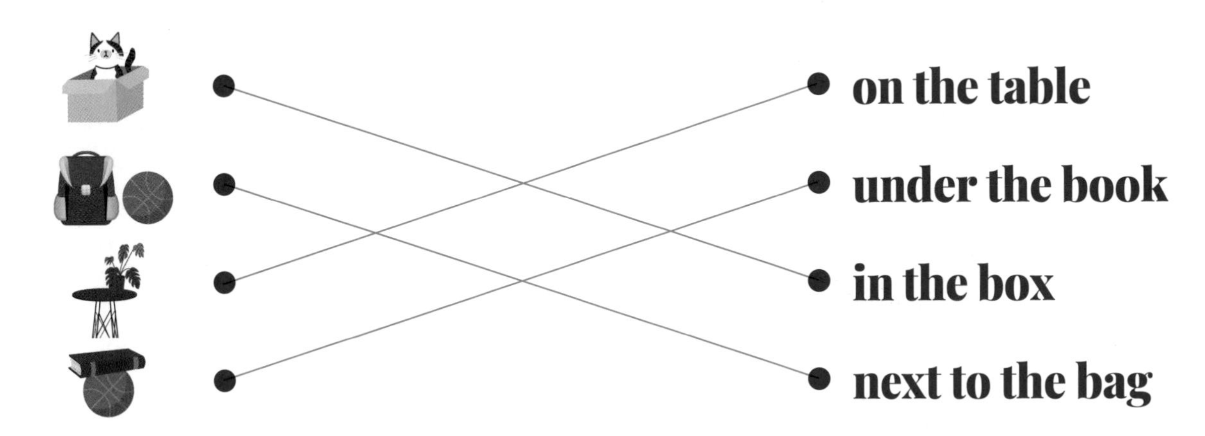

다음의 문장을 완성해보세요.

1
당신은 어디에 있나요?
Where __are__ you?

2
나는 욕실에 있습니다.
I'm __in__ the __bathroom__.

3
고양이는 테이블 아래에 있어요.
The cat __is__ __under__ the table.

4
시계는 책상 위에 있어요.
The clock __is__ __on__ the __desk__.

5
사과는 수박 옆에 있습니다.
__The apple is next to the watermelon__.

쉬는 시간

✅ 다양한 음식

hamburger

/**햄**버r거r/

햄버거

hotdog

/**핱**도그/

핫도그

french fries

/f프**뤤**취 f프**롸**이스/

감자튀김

onion rings

/**어**니언**륑**스/

양파링

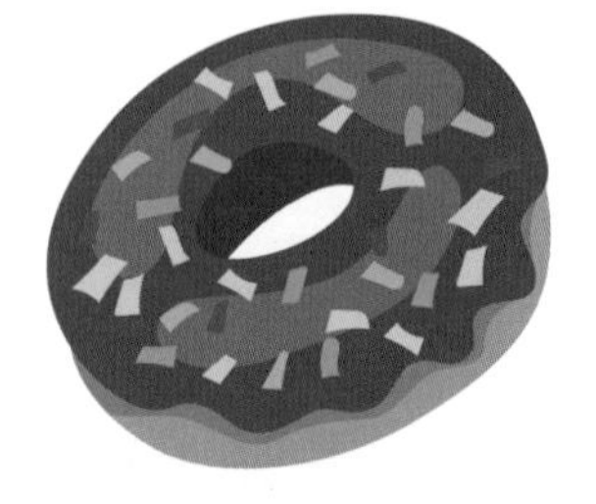

donut/doughnut

/**도**우넡/

도너츠

muffin

/**머**f픈/

머핀

smoothie

/스**무**디/

스무디

lemonade

/**레**머네이드/

레모네이드

soda pop

/**쏘**우더 팝/

탄산음료

Chapter 011

Can you swim?

오늘의 대화

Kay **Can you swim?**

캔 유 스윔?

수영할 수 있어요?

June **Yes, I can. Can you drive?**

예스, 아이 캔. 캔 유 드롸이v브?

네, 할 수 있어요. 당신은 운전을 할 수 있나요?

Kay **No, I can't.**
but I can play the piano.

노우, 아이 캔트. 벋 아이 캔 플레이 더 피애노우.

아니요, 하지만 피아노는 칠 수 있어요.

오늘의 단어

can /캔/ (조동사) 할 수 있다.

swim /스윔/ 수영하다

drive /드롸이v브/ 운전하다

can't /캔트/ can not의 축약형, ~할 수 없다.

✓ 오늘의 표현

1 조동사 **can** /캔/은 '~할 수 있다'라는 능력을 표현합니다.
상대의 능력이나 가능을 **"Can you** /캔 유/ **+ 동사원형?"**의 형태로 질문하며, 가능하다면 **"Yes, I can** /예스, 아이 캔/**."**
또는 불가능하다면 **"No, I can't** /노우, 아이 캔트/**."**로 답합니다.

2 **can't** /캔트/는 **can not** /캔 낱/을 줄인 말이에요.

3 **play** /플레이/는 동사로 '놀이를 하다'의 뜻입니다.
악기 연주나 운동을 한다고 말할 때에도 사용됩니다.
*** play the guitar** /플레이 더 기타-/ 기타를 연주하다
*** play soccer** /플레이 싸커r/ 축구를 하다
*** play games** /플레이 게임스/ 게임을 하다

수영할 수 있나요?

활동/할 수 있는지 묻기

1 단어 연습

play tennis
/플레이 테니스/ 테니스를 치다

play golf
/플레이 골f프/ 골프를 치다

ride a bike
/롸이더 바잌/ 자전거를 타다

speak English
/스핔 잉글리쉬/ 영어로 말하다

draw a picture
/드뤄우 어 픽춰r/ 그림을 그리다

dance
/댄스/ 춤을 추다

자신있게 말하기

짝과 서로 다음의 대화를 연습하고 무엇을 할 수 있는지 물어보세요.

1

Lucy Can you ride a bike?
Linda Yes, I ________.

2

Thomas Can you ________ tennis?
Yoko No, I ________.

3

Emily ______ you speak ______?
Wang Yes, ______ ______.

4

you ______________________________?
mate ______________________________.

정답 1 can 2 play/can't 3 Can/English/I/can 4 Can you dance? Yes, I can. 또는 No, I can't.

조금 더 배워요

조동사 can

"나는 요리를 잘합니다.", "당신은 탁구를 칠 수 있나요?",
"그는 일본어를 잘해요." 등 능력이나 가능성 또는 허가를 나타낼 때
조동사 **can** /캔/이 필요합니다.
조동사는 일반 동사를 도와 의미를 더해주거나
때로는 그 일반동사가 변화형을 하지 않도록 도와주는 도우미 역할을 합니다.

조동사 **can** /캔/은 주어가 누구인지에 따라 변화하지 않아도 되요.
그리고 그 뒤에는 항상 동사를 원형으로 말해야 한다는 것을 잊지 마세요.

Can /캔/	**I** /아이/ **you** /유/ **we** /위/ **they** /데이/ **she** /쉬/ **he** /히/ **it** /잍/	**play soccer** /플레이 싸커r/ 축구를 하다 **cook pasta** /쿡 파스타/ 파스타를 만들다 **speak Chinese** /스픽 촤이니-즈/ 중국어를 말하다 **play the guitar** /플레이 더 기타r-/ 기타를 연주하다	**?**

조동사 **can**은 반드시
동사원형과 함께~

기억해요

1 **다음 뜻과 같은 영어 단어를 보기에서 찾아 쓰세요.**

play tennis **drive** **ride a bike**
draw a picture **dance** **speak English**

1 그림을 그리다 ( )
2 영어로 말하다 ( )
3 운전하다 ( )
4 자전거를 타다 ( )
5 테니스를 치다 ( )
6 춤을 추다 ( )

☑ **다음 문장을 완성하세요.**

1
당신은 영어를 할 수 있나요?
Can you ________ ________?

2
그는 그림을 그릴 수 있어요.
He ________ draw a ________.

3
그들은 수영을 할 수 있나요?
Can ________ ________?

4
그녀는 파스타를 요리할 수 없습니다.
________________________________.

기억해요

정답

1 다음 뜻과 같은 영어 단어를 보기에서 찾아 쓰세요.

play tennis	drive	ride a bike
draw a picture	dance	speak English

1 그림을 그리다 (draw a picture)
2 영어로 말하다 (speak English)
3 운전하다 (drive)
4 자전거를 타다 (ride a bike)
5 테니스를 치다 (play tennis)
6 춤을 추다 (dance)

✓ 다음 문장을 완성하세요.

1
당신은 영어를 할 수 있나요?
Can you speak English ?

2
그는 그림을 그릴 수 있어요.
He can draw a picture .

3
그들은 수영을 할 수 있나요?
Can they swim ?

4
그녀는 파스타를 요리할 수 없습니다.
She can't cook pasta .

쉬는 시간

스포츠

yoga
/요우가/
요가
aerobics
/에어롸빅스/
에어로빅
martial arts
/마r샬 아r츠/
무술
do

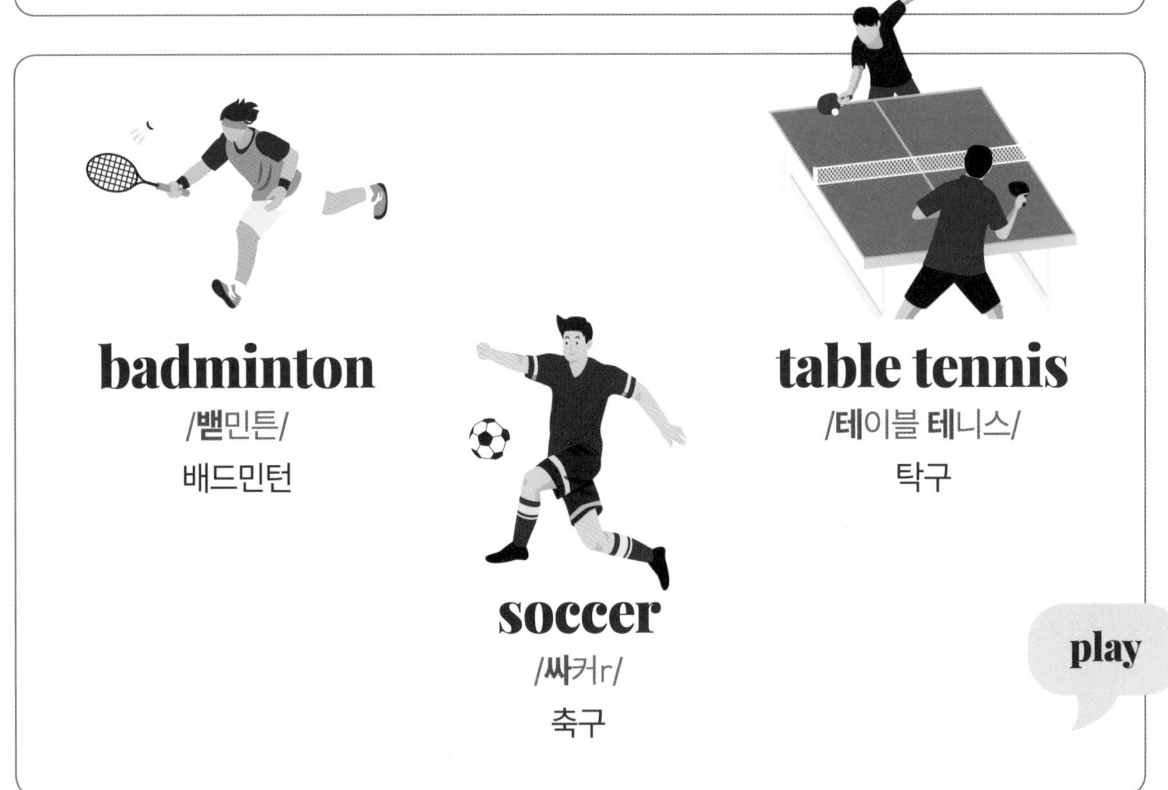
badminton
/밷민튼/
배드민턴
table tennis
/테이블 테니스/
탁구
soccer
/싸커r/
축구
play

skiing
/스키잉/
스키
hiking
/하이킹/
등산
snowboarding
/스노우보r딩/
스노보드
go
10

Chapter

012 I have a headache.

오늘의 대화

Kay **What's the matter?**

왓츠 더 매러r?

어디가 안 좋아요?

June **I have a headache.**

아이 해v브 어 헤레잌.

머리가 아파요.

Kay **I'm sorry to hear that.**

암 쏘뤼 투 히어r 댙

그런 얘기를 들으니 유감이로군요.

오늘의 단어

matter /매러r/ 문제

have /해v브/ 가지고 있다, ~증상이 있다

sorry /쏘뤼/ 미안한, 유감의

hear /히어r/ (소리를) 듣다

that /댙/ 저것, 저 사람

✓ 오늘의 표현

1 상대의 안색이 좋지 않아 보여 걱정된다면 무엇이 문제인지,
무엇이 잘못 되었는지의 의미로
"What's the matter /왓츠 더 매러r/**?"**,
"What's wrong /왓츠 뤙/**?"**이라고 묻습니다.

2 아픈 증상을 말할 때에는 명사의 병 이름을 동사 **have** /해v브/와 함께
말합니다. 아픈 신체 부위에 통증이라는 뜻의 **'ache** /에이크/**'**를
붙여 쓰는 경우가 많아요.

3 누군가로부터 안타까운 말을 들었을 때
"유감이군요, 안됐네요."와 같이 표현할 때는
"(I'm) Sorry to hear that /(암)쏘뤼 투 히어r 댙/**"**
또는 **"That's too bad** /댙츠 투 밷/**"**이라고 말합니다.

머리가 아파요.

병명/아픈 증상 말하기

1 단어 연습

a stomachache
/어 스타맠에잌/ 복통

a cold
/어 코울드/ 감기

a cough
/어 코f프/ 기침

a toothache
/어 투뜨에잌/ 치통

a sore throat
/어 쏘어r 뜨로웉/ 인후염

a backache
/어 백에잌/ 요통

☑ 자신있게 말하기

짝과 서로 다음의 대화를 연습하고 서로에게 어떤 증상이 있는지도 물어보세요.

1

Lucy **What's the matter?**
Linda **I have a ____________.**

2

Thomas **What's the ____________?**
Yoko **I have a ____________.**

3

Emily **What's ______ ______?**
Wang **I have a ______ ______.**

4

you ____________________________?
mate ____________________________.

정답 1 stomachache 2 matter/backache 3 the/matter/sore throat 4 What's the matter?/I have a cold.

조금 더 배워요

✓ 다양한 의미로 말하는 동사 have

동사 **have** /해v브/는 다양한 의미로 사용되는 만능동사입니다.
무엇인가 소유하고 있다는 의미로 말할 때에는 **have got** /해v브 같/이라고 말하기도 해요.
"I have many books /아이 해v브 매니 북스/**"**처럼
무엇인가를 가지고 있다는 소유의 의미,
I have a cold /아이 해v브 어 코울드/와 같이
병이나 통증같은 아픈 증상이 있다고 말할 때에도 사용됩니다.
그 밖에 다른 의미로 사용되는 경우가 많은데 어떤 의미로 말할 수 있는지 알아볼게요.

소유	**We have a new car.** /위 해v브 어 뉴 카r/ 우리는 새 차가 있어요.
병, 통증	**I have the flu.** /아이 해v브 더 f플루/ 독감에 걸렸어요.
먹고, 마시고	**I have eggs for breakfast.** /아이 해v브 에그스 f포r 브뤸f퍼스트/ 나는 아침식사로 달걀을 먹어요.
행동 경험	**I had an accident yesterday.** /아이 해던 액씨던(트) 예스터r데이/ 어제 차 사고가 났어요. * had /핻/ have의 과거형
외모	**She has brown eyes.** /쉬 해즈 브롸운 아이즈/ 그녀는 갈색눈을 가졌습니다. * has /해즈/ have의 3인칭 단수 동사 변화형

기억해요

1 다음 뜻과 같은 영어 단어를 보기에서 찾아 쓰세요.

a stomachache　a cold　a backache
a toothache　a sore throat　a cough
a headache　the flu

1 독감 ( )
2 인후염 ( )
3 기침 ( )
4 요통 ( )
5 두통 ( )
6 치통 ( )

✓ 다음의 뜻이 되도록 문장을 바르게 완성해보세요.

1 어디가 안좋아요? (the / What's / matter / ?)

2 나는 인후염이 있어요. (have / I / sore / throat)

3 배가 아파요. (stomachache / have / a / I)

4 기침이 납니다. (cough / I / a / have)

기억해요

정답

1 다음 뜻과 같은 영어 단어를 보기에서 찾아 쓰세요.

a stomachache
a toothache
a headache
a cold
a sore throat
the flu
a backache
a cough

1 독감 (the flu)
2 인후염 (a sore throat)
3 기침 (a cough)
4 요통 (a backache)
5 두통 (a headache)
6 치통 (a toothache)

✓ 다음의 뜻이 되도록 문장을 바르게 완성해보세요.

1
어디가 안좋아요? (the / What's / matter / ?)
What's the matter?

2
나는 인후염이 있어요. (have / I / sore / throat)
I have a sore throat.

3
배가 아파요. (stomachache / have / a / I)
I have a stomachache.

4
기침이 납니다. (cough / I / a / have)
I have a cough.

쉬는 시간

✓ 아픈 증상

다양한 아픈 증상을 좀 더 배워 보아요.

stiff shoulder
/스**티**f프 **쇼**울더r/
뻐근한 어깨

hangover
/**행**오우v버r/
숙취

insomnia
/인**쏨**니아/
불면증

high blood pressure
/**하**이 **블**러드 프**뤠**셔r/
고혈압

It's three o 'clock.

오늘의 대화

Kay **What time is it?**

왙 타임 이짙?

몇 시 인가요?

June **It's three o'clock.**

잍츠 뜨뤼 어클랔

3시입니다.

Kay **Hurry!**
We're late for our class!

허뤼! 위아r 레잍 f포r 아워r 클래스.

서둘러요! 우리 수업에 늦었어요!

오늘의 단어

time /타임/ 시간

two /투-/ 2, 둘

o'clock /어클랔/ (숫자)정각을 나타내는 표현

hurry /허뤼/ 서두르다, 급히 하다

late /레잍/ 늦은

class /클래스/ 수업

for /f포r/ (전치사) ~을/를 위한, ~때문에, ~에

✓ 오늘의 표현

1 지금 몇 시인지 궁금하다면 **"What time is it** /왙 타임 이짙/**?"** 이라고 물어보세요. 이 표현의 **it** /잍/은 이미 학습한 비인칭 **it** /잍/으로 시간 날씨, 요일, 등을 물을 때 사용됩니다.

2 정각을 표현하려면 1-12까지의 숫자의 뒤에 **o'clock** /어클락/을 이어 말하면 됩니다.

3 어딘가에 늦었다고 말하고 싶다면
'be late for /비 레잍 f포r/ **+ 명사'**를 활용하여 말합니다.
열차 시간에 늦었다면
"I'm late for my train /암 레잍 f포r 마이 츄뤠인/**"**이라고 말할 수 있겠지요.

3시입니다.

1 단어 연습

three o'clock
/뜨뤼 어클락/ 3시

nine o'clock
/나인 어클락/ 9시

two o'clock
/투 어클락/ 2시

six o'clock
/씩스 어클락/ 6시

five o'clock
/f퐈이v브 어클락/ 5시

eight o'clock
/에잍 어클락/ 8시

✓ 자신있게 말하기

짝과 서로 다음의 대화를 연습하세요.

1

Lucy **What time is it?**
Linda **It's** (4)__________ __________.

2

Thomas __________ **time is it?**
Yoko **It's** (3)__________ __________.

3

Emily __________ __________ **is** __________**?**
Wang **It's** (7)__________ **o'clock.**

4

you ____________________________**?**
mate ________ (9)____________________.

정답 1 four/o'clock 2 What/three/o'clock 3 What/time/it/seven 4 What time is it/ It's nine o'clock.

조금 더 배워요

✓ 시계읽기

시간을 말하는 표현은 우리말처럼 영어도 여러가지 방법이 있습니다.

1 정각일 때는 **o'clock** /어클락/!

- 5시: **It's 5 o'clock.** /잍츠 f퐈이v브 어클락/
- 11시: **It's eleven o'clock.** /잍츠 일레v븐 어클락/

2 시간과 분을 순서대로 숫자만 읽으세요.

이 때 1분~9분까지는 **oh one** /오우 원/, **oh two** /오우 투/, **oh three** /오우 뜨뤼/와 같이 **'oh** /오우/**'**를 붙여서 말합니다.

- 5시 25분: **It's five twenty-five.** /잍츠 f퐈이v브 트웨니 f퐈이v브/
- 6시 05분: **It's six oh-five.** /잍츠 씩스 오우 f퐈이v브/

3 전치사 **past** /패스트/또는 **after** /애f프터r/를 사용하여 시간과 분의 순서를 바꿔요.

- 9시 35분: **It's thirty-five past (after) nine.**
  /잍츠 떠r리 f퐈이v브 패스트(애f프터r) 나인/
- 10시 20분: **It's twenty past (after) ten.**
  /잍츠 트웨니 패스트(애f프터r) 텐/

4 '~시에'라고 말할 때에는 전치사 **at** /앹/이 필요해요.

- 오전 7시에: **at seven a.m.** /앹 쎄v븐 에이엠/
- 오후 11시에: **at eleven p.m.** /앹 일레v븐 에이엠/
- **a.m.** 오전, **p.m.** 오후

It's six thirty. /잍츠 씩스 떠리/
6시 30분이에요.

What time is it? /왙 타임 이짙?/
몇시에요?

기억해요

1 다음 뜻과 같은 영어 단어를 보기에서 찾아 쓰세요.

three o'clock   nine o'clock   twelve o'clock
eight o'clock   eleven o'clock   two o'clock

1 2:00 (   )

2 3:00 (   )

3 8:00 (   )

4 9:00 (   )

5 11:00 (   )

6 12:00 (   )

✓ 다음의 뜻이 되도록 문장을 바르게 완성해보세요.

1 몇 시인가요? (it / time / what / is / ?)

____

2 5시입니다. (five / it's / o'clock)

____

3 우리 수업시간에 늦었어요. (late / are / class / our / we / for)

____

4 우리 영화시간에 늦었어요. (we / the / late / are / movie / for)

____

기억해요

정답

1 다음 뜻과 같은 영어 단어를 보기에서 찾아 쓰세요.

three o'clock   nine o'clock   twelve o'clock
eight o'clock   eleven o'clock   two o'clock

1 2:00 (two o'clock)
2 3:00 (three o'clock)
3 8:00 (eight o'clock)
4 9:00 (nine o'clock)
5 11:00 (eleven o'clock)
6 12:00 (twelve o'clock)

✓ 다음의 뜻이 되도록 문장을 바르게 완성해보세요.

1
몇 시인가요? (it / time / what / is / ?)
What time is it?

2
5시입니다. (five / it's / o'clock)
It's five o'clock.

3
우리 수업시간에 늦었어요. (late / are / class / our / we / for)
We are late for our class.

4
우리 영화시간에 늦었어요. (we / the / late / are / movie / for)
We are late for the movie.

쉬는 시간

생활속에서 자주사용되는 잘못된 영어표현

잘못된 표현	올바른 표현
카레라이스	**rice and curry** /롸이스 앤 커뤼/
프림	**cream** /크륌/
돈까스	**pork cutlet** /포r크 커틀릿/
비후까스	**beef cutlet** /비-f프 커틀릿/
함박스테이크	**hamburger steak** /햄버r거r 스테잌/
백미러	**rearview mirror** /뤼어뷰-미뤄/
크락션	**horn** /혼/
오토바이	**motorcycle** /모로 싸이클/
기브스	**cast** /캐스트/
빵꾸 타이어	**flat tire** /플랫 타이어r/
(이성과의) 미팅	**blind date** /블라인(드) 데잍/
솔로(독신자)	**single** /씽글/
개그맨	**comedian** /카미디언/

에어컨	**air conditioner** /에어r컨디셔너r/
형광펜	**highlighter** /하일라이러r/
매직펜	**marker** /마r커r/
호치키스	**stapler** /스테이플러r/
스탠드	**desk lamp** /데스크 램프/
남자 사람 친구	**male friend** /메일 프랜드/
여자 사람 친구	**female friend** /f퓌메일 프랜드/

빵꾸 타이어 아니죠.
flat tire입니다.

It's December 24th.

✓ 오늘의 대화

Kay **What's the date today?**

왙츠 더 데잍 트데이?

오늘이 며칠일 인가요?

June **It's December 24th.**

잍츠 디쎔버r 트웨니 f포r뜨.

12월 24일이에요.

Kay **Oh, it's Christmas Eve!**

오우, 잍츠 크뤼스마스 이v브.

오! 오늘은 크리스마스 전날이군요!

✓ 오늘의 단어

date /데잍/ 날짜

December /디쎔버r/ 12월

24th /트웨니 포r쓰/ (서수) 24번째

Christmas Eve /크리스마스 이-v브/ 성탄전야

✓ 오늘의 표현

1 오늘이 며칠인지 깜빡할 때가 있지요. 그럴 땐
"What's the date today /왓츠 더 데잍 트데이/**?"**라고
물어 보아요. 또한 **date** /데잍/은 남녀간의 데이트를 의미하기도 해요.

2 오늘이 무슨 요일인지는
"What day is it? /왙 데이 이짙/**"**이라고 묻습니다.

3 날짜, 날씨, 시간 등을 말할 때 주어를 비인칭 **it** /잍/으로 말한다는 것을
잘 기억하고 있지요? 날짜를 말해야 하니 주어를 **it** /잍/으로 시작하고
'월, 일'의 순서로 말합니다.
이때 날짜는 서수(사물의 순서를 나타내는 수)로 표현합니다.

ex. **May third** (5월 3일)

* 서수에 대한 자세한 설명은 181쪽 참고

Merry Christmas!

12월 24일입니다.

1 단어 연습

Christmas
/크**뤼**스마스/ 성탄절, 12월 25일

Halloween
/핼로**윈**/ 할로윈, 10월 31일

Valentine's Day
/v**뷀**런타인스 데이/
발렌타인데이, 2월 14일

New Year's Day
/**누 이**어r스 데이/
새해, 1월 1일

Thanksgiving Day
/**땡**스기v빙 데이/
추수감사절, 11월 넷째주 목요일

Children's Day
/**췰**드뤈스 데이/
어린이날, 5월 둘째 주 일요일

✓ 자신있게 말하기

짝과 서로 다음의 대화 연습을 해보세요.

1

Lucy **What's the date today?**
Linda **It's ______ twenty fifth. It's Christmas.**

2

Thomas **What's the ______ today?**
Yoko **It's ______ thirty first. It's ______.**

3

Emily **______ the date today?**
Wang **It's February ______. It's ______ Day.**

4

you ________________________?
mate ____________. ____________.

정답 1 December 2 date/October/Halloween 3 What's/fourteenth/Valentine's
4 What's the date today/It's January first./It's New Years Day.

조금 더 배워요

서수

'첫 번째, 2등, 4일, 10층, 6학년' 등을 영어로 말할 때는 우리말과는 다르게 순서를 나타내는 서수로 표현해요. 달력을 읽을 때에도 서수를 사용하지요. 그러니 달력을 읽으려면 31번째까지의 서수를 알아야겠지요?

1일	**first** /f퍼r스트/	17일	**seventeenth** /쎄v븐틴뜨/
2일	**second** /쎄컨드/	18일	**eighteenth** /에잇틴뜨/
3일	**third** /떠r드/	19일	**nineteenth** /나인틴뜨/
4일	**fourth** /f포r뜨/	20일	**twentieth** /트웨니어뜨/
5일	**fifth** /f피f뜨/	21일	**twenty-first** /트웨니 f퍼r스트/
6일	**sixth** /씩스뜨/	22일	**twenty-second** /트웨니 쎄컨드/
7일	**seventh** /쎄v븐뜨/	23일	**twenty-third** /트웨니 떠r드/
8일	**eighth** /에잇뜨/	24일	**twenty-fourth** /트웨니 f포r뜨/
9일	**ninth** /나인뜨/	25일	**twenty-fifth** /트웨니 f피f뜨/
10일	**tenth** /텐뜨/	26일	**twenty-sixth** /트웨니 씩스뜨/
11일	**eleventh** /일레v븐뜨/	27일	**twenty-seventh** /트웨니 쎄v븐뜨/
12일	**twelfth** /트웰f프뜨/	28일	**twenty-eighth** /트웨니 에잇뜨/
13일	**thirteenth** /떠r틴뜨/	29일	**twenty-ninth** /트웨니 나인뜨/
14일	**fourteenth** /f포r틴뜨/	30일	**thirtieth** /떠r리어뜨/
15일	**fifteenth** /f피f프틴뜨/	31일	**thirty-first** /떠리 f퍼r스트/
16일	**sixteenth** /씩스틴뜨/		

기억해요

1 다음 뜻과 같은 영어 단어를 보기에서 찾아 쓰세요.

September	February	June
October	November	March

1 2월 (　　　　　　　　　　)

2 11월 (　　　　　　　　　　)

3 10월 (　　　　　　　　　　)

4 3월 (　　　　　　　　　　)

5 9월 (　　　　　　　　　　)

6 6월 (　　　　　　　　　　)

✓ 다음의 뜻이 되도록 문장을 바르게 완성해 보세요.

1 오늘이 며칠인가요? (date / today / the / what / is / ?)

____

2 5월 31일이에요. (May / It's / thirty-first)

____

3 오늘은 크리스마스입니다. (Christmas / today / It's)

____

4 오늘은 내 생일이에요. (today / my / It's / birthday)

____

기억해요

1 다음 뜻과 같은 영어 단어를 보기에서 찾아 쓰세요.

September	February	June
October	November	March

1 2월 (February)

2 11월 (November)

3 10월 (October)

4 3월 (March)

5 9월 (September)

6 6월 (June)

✓ 다음의 뜻이 되도록 문장을 바르게 완성해 보세요.

1

오늘이 며칠인가요? (date / today / the / what / is / ?)

What is the date today?

2

5월 31일이에요. (May / It's / thirty-first)

It's May thirty-first.

3

오늘은 크리스마스입니다. (Christmas / today / It's)

It's Christmas today.

4

오늘은 내 생일이에요. (today / my / It's / birthday)

It's my birthday today.

쉬는 시간

✓ 기념일

1 Thanksgiving Day 추수감사절

추수감사절은 수확의 기쁨과 감사를 표현하는 축제입니다.
미국에서는 11월 3째주 목요일을 추수감사절로 기념합니다.

모든 가족들이 모여 칠면조, 으깬 감자, 옥수수, 늙은 호박 파이와 같은 요리를
함께 즐기는 명절입니다.

요즘은 추수감사절 다음날을 **Black Friday**(블랙 프라이데이)라고 하며,
이 날에는 많은 상점들이 큰 폭으로 할인 판매를 하며
많은 사람들이 이른 크리스마스 쇼핑을 시작하기도 합니다.

2 **Halloween Day** 핼로윈

핼로윈이라는 이름은 '성스러운 전야'라는 의미의
스코틀랜드 말에서 유래하였다고 해요.

핼러윈데이에 마녀, 해적, 만화 주인공 등으로 옷을 차려입고 집집마다 찾아다니며
"사탕 안주면 괴롭힐거야"라는 뜻의
"Trick or Treat /트륔 오어r 트뤁/**"**이라고 외치며
사탕이나 과자를 얻는다고 해요.

Chapter

015 Let's go shopping.

✓ 오늘의 대화

Kay **Let's go shopping.**

렡츠 고우 샤핑.

쇼핑하러 갑시다.

June **OK. What do you want to buy?**

오우케이. 왙 두유 원 투 바이?

좋아요. 무엇을 사고 싶어요?

Kay **I want to buy a red cap.**

아이 원 투 바이 어 뤠 캪.

나는 빨간 모자를 사고 싶어요.

✓ 오늘의 단어

let's /렛츠/ (let us의 축약형) ~합시다

go shopping /고우 샤핑/ 쇼핑하러 가다

want /원트/ 원하다

buy /바이/ 구매하다, 사다

red /뤠/ 빨간색

cap /캪/ 모자

✓ 오늘의 표현

1 어떤 행동을 함께 하자고 제안할 때에는
let's의 뒤에 제안할 행동의 단어(동사)를 써서 말하는데
이때 동사는 항상 원형의 형태여야해요.
저녁 식사로 파스타를 먹자고 제안 한다면 **"Let's have pasta for dinner.** /렛츠 해v브 파스타 f포r 디너r/**.**"라고 말합니다.

2 상대방이 무엇을 원하는지 궁금하다면 '원하다'라는 의미의 동사를 활용하여
What do you want /왙 두 유 원트/**?** 라고 묻습니다.
이때 **do** /두/는 '하다'라는 뜻을 가진 일반동사가 아니고
일반동사가 있는 문장을 의문문으로 만들 때 쓰는 조동사입니다.

쇼핑하러 갑시다.

기념일/날짜 묻고 답하기

1 단어 연습

a red cap
/어 뤧 캪/ 빨간 모자

a brown backpack
/어 브롸운 **백**팩/ 갈색 배낭

gray boots
/그뤠이 **부**츠/ 회색 부츠

green shorts
/그륀- **쇼**r츠/ 초록색 반바지

a yellow t-shirt
/어 **옐**로우 **티** 셔r트/ 노란 티셔츠

a black dress
/어 **블**랙 드**뤠**스/ 검정 원피스

✓ 자신있게 말하기

짝과 서로 다음의 대화 연습을 하고 무엇을 살 것인지 물어 보세요.

1

Lucy **What do you want to buy?**
Linda **I want to buy ________ ________.**

2

Thomas **What do you ________ to buy?**
Yoko **I want to ________ green ________.**

3

Emily **________ do you want to ________?**
Wang **I ________ to buy a brown ________.**

4

you ________________________?
mate ________________________.

정답 1 gray boots 2 want/buy/shorts 3 What/buy/want/backpack 4 What do you want to buy/I want to buy a black dress.

조금 더 배워요

서수

"피자 좋아해?", "영화를 자주 보나요?"와 같은 질문은
"Do + 주어(you/we/I/you) **+ 일반동사의 원형...?"** 또는
"Does + 주어(she/he/it) **+ 일반동사의 원형...?"**의 순서로
문장을 만듭니다. 그리고 이 질문에 긍정의 대답을 한다면
평서문의 순서대로 환원시켜서 **"Yes, 주어 + do/does."**라고 말하고
부정의 답을 하려고 한다면 **"No, 주어 + don't/doesn't."**
라고 말합니다.

그런데 "점심으로 '무엇'을 먹고싶어요?", "주말에 '어디'에 갈거에요?"와 같은
질문을 하려면 '무엇' 또는 '어디'를 의미하는 의문사를 문장의 맨 앞에 내세워
"의문사 + do/does + 주어 + 일반동사의 원형...?"의
형태로 물어봅니다.
그리고 답은 Yes나 No가 아닌 의문사에 대한 구체적인 답변을 해요.

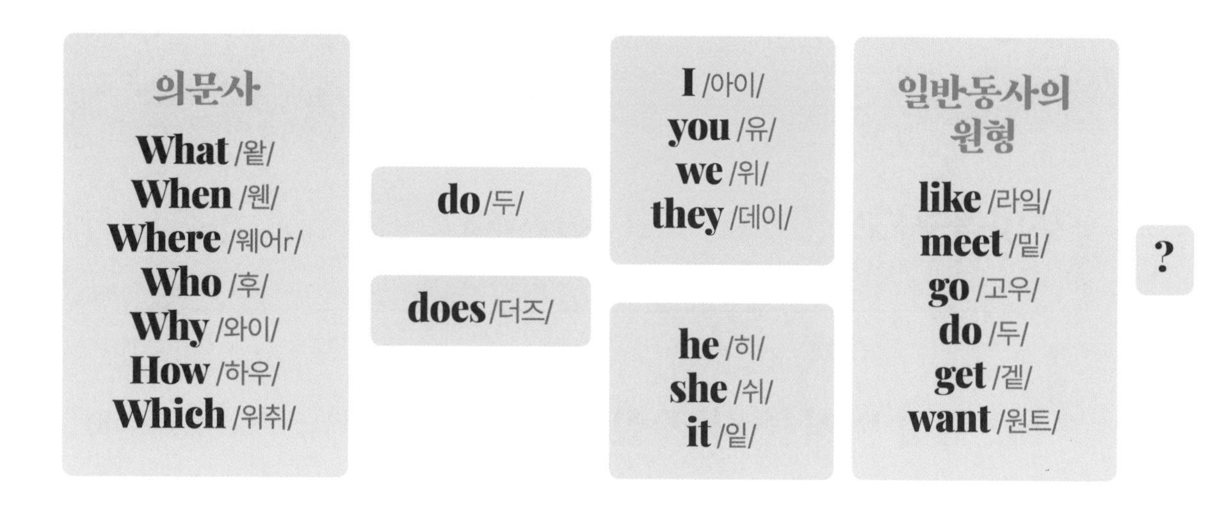

What do you want?
/왇 두 유 원?/
뭐 먹고 싶어요?

I want some ice cream.
/아이 원 썸 아이스크림/
아이스크림 먹고 싶어요.

기억해요

1 다음 뜻과 같은 영어 단어를 보기에서 찾아 쓰세요.

a blue skirt	brown boots	a yellow raincoat
a black hat	gray pants	a purple t-shirt

1 회색 바지 ( )
2 갈색 부츠 ( )
3 검정 모자 ( )
4 노란 비옷 ( )
5 보라색 티셔츠 ( )
6 파란 스커트 ( )

✓ 다음의 뜻이 되도록 문장을 바르게 완성해 보세요.

1 쇼핑하러 갑시다. (go / Let's / shopping)

2 무엇을 사고 싶어요? (do / want / What / to / buy / you / ?)

3 나는 검정 바지를 사고 싶어요. (I / to / buy / black / pants / want)

4 나는 노란색 티셔츠를 사고 싶어요.
(want / I / to / buy / t-shirt / a / yellow)

기억해요

정답

1 다음 뜻과 같은 영어 단어를 보기에서 찾아 쓰세요.

a blue skirt　brown boots　a yellow raincoat
a black hat　gray pants　a purple t-shirt

1 회색 바지 (gray pants)
2 갈색 부츠 (brown boots)
3 검정 모자 (a black hat)
4 노란 비옷 (a yellow raincoat)
5 보라색 티셔츠 (a purple t-shirt)
6 파란 스커트 (a blue skirt)

✓ 다음의 뜻이 되도록 문장을 바르게 완성해 보세요.

1
쇼핑하러 갑시다. (go / Let's / shopping)
Let's go shopping.

2
무엇을 사고 싶어요? (do / want / What / to / buy / you / ?)
What do you want to buy?

3
나는 검정 바지를 사고 싶어요. (I / to / buy / black / pants / want)
I want to buy black pants.

4
나는 노란색 티셔츠를 사고 싶어요.
(want / I / to / buy / t-shirt / a / yellow)
I want to buy a yellow t-shirt.

쉬는 시간

의복과 장신구

T-shirt
/**티**셔r트/
티셔츠

swimming trunks
/스**위**밍 트**뤙**(ㅋ)스/
남자용 수영 팬츠

under pants
/**언**더r **팬**츠/
팬티

blouse
/블**라**우스/
블라우스

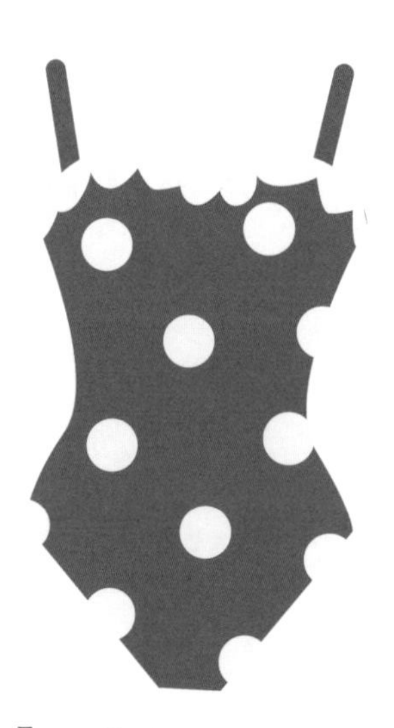

bathing suit
/**베**이딩 **쑽**/
수영복

flip-flops
/f플**맆** f플**랖**스/
플립플랍

mini shorts

/미니 쇼r츠/

핫팬츠

zip hoody

/z짚 후디/

후드티

scarf

/스카r- fㅍ/

목도리

shirt

/셔rㅌ/

셔츠

dress

/드뤠스/

원피스

vest

/v붸스트/

조끼

Chapter

016 She's so cute!

✓ 오늘의 대화

Kay **Who is this baby in the picture?**

후 이스 디스 베이비 인 더 픽춰r?

이 사진속의 아기는 누구에요?

June **She's my granddaughter.**

쉬즈 마이 그랜도러r

그녀는 나의 손녀에요.

Kay **She is so cute.**

쉬스 쏘우 큩

그녀는 매우 귀엽네요.

✓ 오늘의 단어

baby /베이비/ 아기

in /인/ (전치사) ~의 안에

picture /픽춰r/ 그림, 사진

granddaughter /그뢘 도-러r/ 손녀

so /쏘우/ 매우, 몹시, 그러므로

cute /큐-트/ 귀여운

오늘의 표현

1 어떤 인물이 누구인지 궁금하다면 '누구?'라는 의미의 의문사 **who** /후/를 **be** /비/동사와 연결하여 질문합니다.

2 주어의 외모나 성향, 성격 등은 형용사로 나타내기 좋은데
이 형용사는 be동사와 매우 잘 어울려요.
그러니 "그녀는 예뻐요."라고 말하고 싶다면
'주어 + be동사 + 외모나 성향을 나타내는 형용사'
의 순으로 **"She is pretty** /쉬 이스 프뤼티/**."**라고 말합니다.

그녀는 매우 귀여워요.

사람의 성향과 외모 / 누구인지 묻기

1 단어 연습

tall
/톨/ 키가 큰

short
/쇼r-트/ 키가 작은

dilligent
/딜리줜트/ 부지런한

lazy
/레이z/ 게으른

fat
/f팯/ 살이 찐

slim
/슬림/ 날씬한

✓ 자신있게 말하기

앞에서 배운 형용사를 활용하여 짝과 다음의 대화를 연습하세요.

1 키 작은 아들

Lucy **Is he your son?**
Linda **Yes, he is. He is ______.**

2 부지런한 엄마

Thomas **Is ______ your aunt?**
Yoko **No, she's my ______. She's ______.**

3 살찐 친구

Emily **Is he ______ brother?**
Wang **No, ______ my ______. He's fat.**

4 날씬한 딸

you ______________________?
mate ______________. ______________.

정답 1 short 2 she/mother/dilligent 3 your/he's/friend 4 Is she your daughter/Yes, she is. She's slim.

조금 더 배워요

✓ 형용사

낮에 친구와 함께 영화를 보았는데 "그 영화가 너무 슬펐다"라고 말하고 싶다면
"The movie was very sad. /더 무v뷔 워즈 v붸뤼 쌘/"라고
말할 수 있어요.

이 문장에서 형용사 **sad** /쌘/는 영화에 대해 설명한 것입니다. 이처럼 형용사는
그 명사가 어떤지 성질, 모양, 크기, 성격, 상태, 색깔, 무게, 수, 양 등을 설명합니다.

"이것은 귀여운 새입니다"라고 표현하려면
"It is a cute bird. /잇츠 어 큩 버r드/"처럼 '형용사 + 명사'의 형태로
명사의 앞에서 그 명사를 설명해주는 형용사도 있고,
"The bird is cute /더 버r드 이즈 큩/."과 같이 'be동사의 뒤에 형용사'를 써
서 주어를 설명하는 경우도 있어요.

형용사 + 명사

That is an old tree. /댙 이즈 언 오울드 트뤼/ 저것은 오래된 나무에요.
I have long hair. /아이 해v브 롱 헤어r/ 난 머리가 길어요.
Do you like Thai food? /두 유 라잌 타이 풑/ 태국 요리 좋아해요?

be동사 + 형용사

This baby is so cute. /디스 베이비 이스 쏘우 큩/ 이 아기는 매우 귀여워요.
Are you hungry? /아r 유 헝그뤼/ 배가 고픈가요?
I'm busy everyday. /암 비지 에v브뤼데이 / 나는 매일 바빠요.

They're ________.
* beautiful /뷰러f풀/ 아름다운

기억해요

1 다음 뜻과 같은 영어 단어를 보기에서 찾아 쓰세요.

diligent	cute	tall
short	fat	slim

1 귀여운 (　　　　　　　　)

2 키가 큰 (　　　　　　　　)

3 부지런한 (　　　　　　　　)

4 키가 작은 (　　　　　　　　)

5 뚱뚱한 (　　　　　　　　)

6 날씬한 (　　　　　　　　)

✓ 다음의 뜻이 되도록 문장을 바르게 완성해 보세요.

1
사진 속의 이 소녀는 누구인가요?
(is / this / Who / in / girl / picture / the)

____

2
그는 나의 선생님입니다. (my / is / He / teacher)

____

3
그녀는 매우 부지런합니다. (very / is / She / diligent)

____

4
그는 뚱뚱하지 않습니다. (He / fat / isn't)

____

기억해요

정답

1 다음 뜻과 같은 영어 단어를 보기에서 찾아 쓰세요.

diligent	cute	tall
short	fat	slim

1 귀여운 (cute)

2 키가 큰 (tall)

3 부지런한 (diligent)

4 키가 작은 (short)

5 뚱뚱한 (fat)

6 날씬한 (slim)

✓ 다음의 뜻이 되도록 문장을 바르게 완성해 보세요.

1

사진 속의 이 소녀는 누구인가요?
(is / this / Who / in / girl / picture / the)

Who is this girl in the picture?

2

그는 나의 선생님입니다. (my / is / He / teacher)

He is my teacher.

3

그녀는 매우 부지런합니다. (very / is / She / diligent)

She is very dilligent.

4

그는 뚱뚱하지 않습니다. (He / fat / isn't)

He isn't fat.

쉬는 시간

✅ 성향이나 외모를 나타내는 형용사들

성격이나 성향, 그리고 외모를 나타내는 더 많은 형용사를 알아보아요.

1. **kind** /카인드/ 친절한
2. **active** /액티v브/ 활동적인
3. **shy** /샤이/ 수줍어하는
4. **friendly** /f프렌들리/ 다정한, 친근한
5. **easy going** /이지고잉/ 태평한, 편한
6. **hardworking** /하r드 워r킹/ 근면한, 성실한
7. **stubborn** /스터번/ 고집이 센
8. **pretty** /프뤼리/ 예쁜
9. **handsome** /핸썸/ 잘생긴
10. **good-looking** /굿루킹/ 외모가 좋은
11. **talkative** /터커리v브/ 수다스러운, 말이 많은
12. **talented** /탤런티드/ 재능이 있는
13. **fat** /f팻/ 뚱뚱한

14 **thin** /띤/, **skinny** /스키니/ 마른

15 **humorous** /휴머러스/ 유머감각이 있는

16 **honest** /어니스트/ 정직한

17 **cranky** /크랭키/ 까칠한

18 **mean** /민~/ 못된, 심술궂은

19 **forgetful** /f포r겥f풀/ 잘 잊어버리는

20 **modest** /마디스트/ 겸손한

Are you talented?
/아r 유 탤런틷?/
다재다능한가요?

Chapter
017 What are you doing?

오늘의 대화

Kay **Hello, June? It's me, Kay. What are you doing?**

헬로우, 준. 잍츠 미, 케이. 왙 아r 유 두잉?

여보세요, 준? 나 케이에요. 뭐하고 있어요?

June **Oh, Kay! Hi. I'm cooking dinner. How about you?**

오우, 케이! 하이. 암 쿠킹 디너r. 하우 어바웉 유?

오, 케이! 안녕하세요. 저녁식사 요리하고 있어요. 당신은요?

Kay **I'm watching TV.**

암 와칭 티v븨

난 티비를 보고 있어요.

오늘의 단어

hello /헬로우/ 인사, (전화상) 여보세요.

me /미/ (I의 목적격) 나에게, 나를

do /두/ ~을/를 하다

cook /쿸/ 요리하다

dinner /디너r/ 저녁식사

How about you? /하우 어바웉 유/ 당신은요?

watch /와취/ ~을/를 보다

✓ 오늘의 표현

1. 전화상에서 **"Hello.** /헬로우/**"**는 "여보세요?"라는 의미이며
자신을 밝힐 때에는 **"It's me.** /잇츠 미/**"**
혹은 **"This is Lucy.** /디스 이즈 루씨/**"**처럼 말하는 것을 기억하세요.

2. 주어가 지금 하고 있는 행동을 표현할 때는 **'주어 + be동사의 현재형** (am, are, is) **+ 동사ing'**의 형태로 말합니다.
*** I am singing.** /아이 앰 씽잉/ 나는 노래를 부르고 있어요.
*** I am cooking pasta.** /아이 앰 쿠킹 파스타/
나는 파스타를 요리하고 있는 중이에요.

3. 상대가 나에게 질문한 내용을 상대에게도 하고 싶다면
'당신은 어떤가요?'라는 의미로
"How about you? /하우 어바웉 유/**"**라고 말합니다.

무엇을 하고 있나요?

일상의 활동/지금 하고 있는 행동

1 단어 연습

watching TV
/**와**칭 티v비/
티비를 보고 있는

vacuuming
/v**배**큐밍/
진공청소기로 청소하고 있는

washing the dishes
/**와**쉬 더 **디**쉬스/
설거지를 하고 있는

playing the guitar
/**플**레잉 더 기**타**r/
기타를 연주하고 있는

reading a book
/r**뤼**딩 어 **북**/ 책을 읽고 있는

doing homework
/**두**잉 **홈**워r크/ 숙제를 하고 있는

✓ 자신있게 말하기

짝과 서로 다음의 대화를 연습하고 지금 무엇을 하고 있는지 묻고 답해보세요.

1

Lucy **What are you doing?**
Linda **I'm washing the ______.**

2

Thomas **What ______ you doing?**
Yoko **I'm ______ homework.**

3

Emily **What are ______ ______?**
Wang **I'm ______ ______.**

4

you ______________________________?
mate ______________________________.

정답 1 dishes 2 are/doing 3 you/doing/watching/TV 4 What are you doing?/I'm reading a book.

조금 더 배워요

✓ 현재진행형

주어가 지금 하고 있는 일이나 행동은 '현재진행형'이라는 형태로 나타내는데
주어와 **be동사**(am, are, is)
그리고 **현재분사**(동사원형 + -ing)가 필요합니다.
주어에 따라 바뀌는 be동사의 모습을 다시 떠올려보며 현재진행형의 문장들을 자세히 알아 보아요.

주어	be동사	동사 ing
I	**am**	**I am playing the piano.** /아이 앰 플레잉 더 피애노우/ 나는 피아노를 연주하고 있어요.
You **We** **They**	**are**	**You are taking a walk.** /유 아r 테킹 어 웕/ 당신은 산책 하고 있군요. **We are having dinner.** /위 아r 해v빙 디너r/ 우리는 저녁식사를 하고 있는 중이에요.
He **She** **It**	**is**	**She is cleaning the house.** /쉬 이즈 클리닝 더 하우스/ 그녀는 집청소를 하고 있어요. **It is barking.** /잍 이즈 바r킹/ 개가 짖고 있다.

* take, have 처럼 e로 끝나는 동사는 e를 빼고 ing를 붙여요.
taking, having

* swim, stop 과 같이 '모음 + 자음'으로 끝나는 단어는 맨 끝의 자음을 한 번 더 반복해요.
swimming, stopping

I'm ________ a book.
* reading /뤼딩/ 책을 읽고 있는

기억해요

1 다음 뜻과 같은 영어 단어를 보기에서 찾아 쓰세요.

vacuuming	**doing homework**
watching TV	**reading books**
playing the guitar	**washing the dishes**

1. 숙제를 하고 있는 ( )
2. 책을 읽고 있는 ( )
3. 설거지를 하고 있는 ( )
4. 청소를 하고 있는 ( )
5. TV를 보고 있는 ( )
6. 기타를 연주하고 있는 ( )

✓ 맞는 be동사를 골라 문장을 바르게 완성해 보세요.

1

I (am / is) cleaning the window.

나는 창문을 청소하고 있어요.

2

They (is / are) dancing on the floor.

그들은 무대 위에서 춤을 추고 있어요.

3

He (is / are) playing the flute.

그는 플룻을 연주하고 있어요.

4

We (are / is) cleaning our car.

우리는 세차를 하고 있어요.

기억해요

정답

1 다음 뜻과 같은 영어 단어를 보기에서 찾아 쓰세요.

vacuuming	doing homework
watching TV	reading books
playing the guitar	washing the dishes

1 숙제를 하고 있는 (doing homework)

2 책을 읽고 있는 (reading books)

3 설거지를 하고 있는 (washing the dishes)

4 청소를 하고 있는 (vacuuming)

5 TV를 보고 있는 (watching TV)

6 기타를 연주하고 있는 (playing the guitar)

✓ 맞는 be동사를 골라 문장을 바르게 완성해 보세요.

1

I (am / is) cleaning the window.

나는 창문을 청소하고 있어요.

2

They (is / are) dancing on the floor.

그들은 무대 위에서 춤을 추고 있어요.

3

He (is / are) playing the flute.

그는 플룻을 연주하고 있어요.

4

We (are / is) cleaning our car.

우리는 세차를 하고 있어요.

쉬는 시간

매일의 활동

매일 우리가 하는 행동을 영어로 어떻게 표현하는지 알아보아요.

1 **clean the bathroom** /클린 더 배쓰룸/ 욕실 청소하다

2 **talk on the phone** /톡 온 더 f포운/ 전화통화하다

3 **have breakfast** /해v브 브뤡f퍼스트/ 아침식사를 하다

4 **have lunch** /해v브 런취/ 점심을 먹다

5 **have dinner** /해v브 디너r/ 저녁을 먹다

6 **do housework** /두 하우스 워r크/ 집안일을 하다

7 **go to work** /고우 투 워r크/ 출근하다

8 **brush my teeth** /브뤄쉬 마이 티-쓰/ 양치질하다

9 **wash my face** /워쉬 마이 f페이스/ 세수하다

10 **take a shower** /테이커 샤워r/ 샤워하다

11 **take a bath** /테이커 배쓰/ 목욕하다

12 **listen to music** /리슨 투 뮤직/ 음악을 듣다

13 **do the laundry** /두 더 런드뤼/ 세탁을 하다

14 **stay home** /스테이 호움/ 집에 머무르다

15 **take a walk** /테이커 웕/ 산책하다

I go hiking on Mondays.

오늘의 대화

Kay **Are you busy on Monday?**

아r 유 비지 온 먼데이?

월요일에 바빠요?

June **Yes, I go hiking on Mondays. How about you?**

예스, 아이 고우 하이킹 온 먼데이즈. 하우 어바웉 유?

네, 나는 월요일마다 등산을 가요. 당신은요?

Kay **I do yoga on Mondays and Fridays.**

아이 두 요우가 온 먼데이즈 앤 f프롸이데이즈

난 월요일과 금요일에 요가를 해요.

오늘의 단어

busy /비지/ 바쁜

on /온/ (전치사) 시간을 표현할 때, ~요일에, ~시간에

go hiking /고우 하이킹/ 등산가다

do yoga /두 요우가/ 요가하다

✓ 오늘의 표현

1. 상대가 바쁜지 물으려면 바쁜이라는 의미의 **'busy'** /비지/ 와
한가한의 뜻을 가진 **'free'** /f프뤼/를 사용하여
"Are you busy /아r 유 비지/**?"**
혹은 **"Are you free** /아r 유 f프뤼/**?"**라고 간단히 말할 수 있어요.

2. 특정한 요일에 시간이 되는지 물어보려면 **'on** /온/ **+ 요일'**을
이어 말하면 되요.
"Are you busy on Monday /아r 유 비지 온 먼데이/**?"**처럼요.

3. 앞의 June과 Kay의 대화에서 보는 것과 같이
우리의 일상생활이나 반복되는 행동 등을 나타낼 때는
동사의 원형을 그대로 표현하여 단순현재시제로 나타냅니다.

4. **Monday** /**먼**데이/ 월요일
Tuesday /**튜**즈데이/ 화요일
Wednesday /**웬**즈데이/ 수요일
Thursday /**떠**r즈데이/ 목요일
Friday /**프**롸이데이/ 금요일
Saturday /**쌔**터데이/ 토요일
Sunday /**썬**데이/ 일요일

나는 월요일마다 등산을 갑니다.

일상의 활동, 요일

1 단어 연습

do the laundry
/**두** 더 **론**드뤼/ 빨래하다

go to a movie
/**고**우 투 어 **무**v뷔/ 영화보러 가다

take out the trash
/**테**잌 아웉 더 트**뤠**쉬/
쓰레기를 내다 버리다

eat out
/**잍** 아웉/
외식하다

visit my son
/v비짙 마이 썬/ 아들을 만나다

play golf
/플레이 골f프/ 골프치다

✓ 자신있게 말하기

짝과 서로 다음의 대화 연습을 하고 일과를 물어보세요.

1

Lucy **Are you busy on Friday?**
Linda **Yes, I go to a _____ on _____.**

2

Thomas **Are you _____ on _____?**
Yoko **Yes, I _____ out on Saturday.**

3

Emily **Are _____ _____ on Thursday?**
Wang **Yes, I _____ _____ the trash on _____.**

4

you _______________________________?
mate _______________________________.

정답 1 movie/Friday 2 busy/Saturday/eat 3 you/busy/take/out/Thursday 4 Are you busy on 요일/Yes, I play golf on 요일.

조금 더 배워요

✓ 단순현재시제

어떤 일이 '언제' 발생했느냐에 따라 동사의 모양이 변하는데
이것을 **'시제'**라고 해요.
"나 어제 친구를 만났어요."처럼 과거에 일어난 일은 **'과거시제'**를,
"나는 아침을 7시에 먹는다."처럼 반복되거나 습관적인 일 등은
'단순현재시제'로 나타냅니다. 그리고
"난 이번 주말에 영화를 볼 거예요"처럼 앞으로 일어날 일은 **'미래시제'**라고
표현하고 그에 맞게 동사를 변화해요.

이 중에서 매일 반복되는 행동이나 습관적인 일, 자연현상, 또는 규칙, 속담, 진리 등과
같은 말을 할 때는 '현재시제'로 말합니다.
나의 일과나 스케줄도 단순현재시제를 활용하여 말합니다.

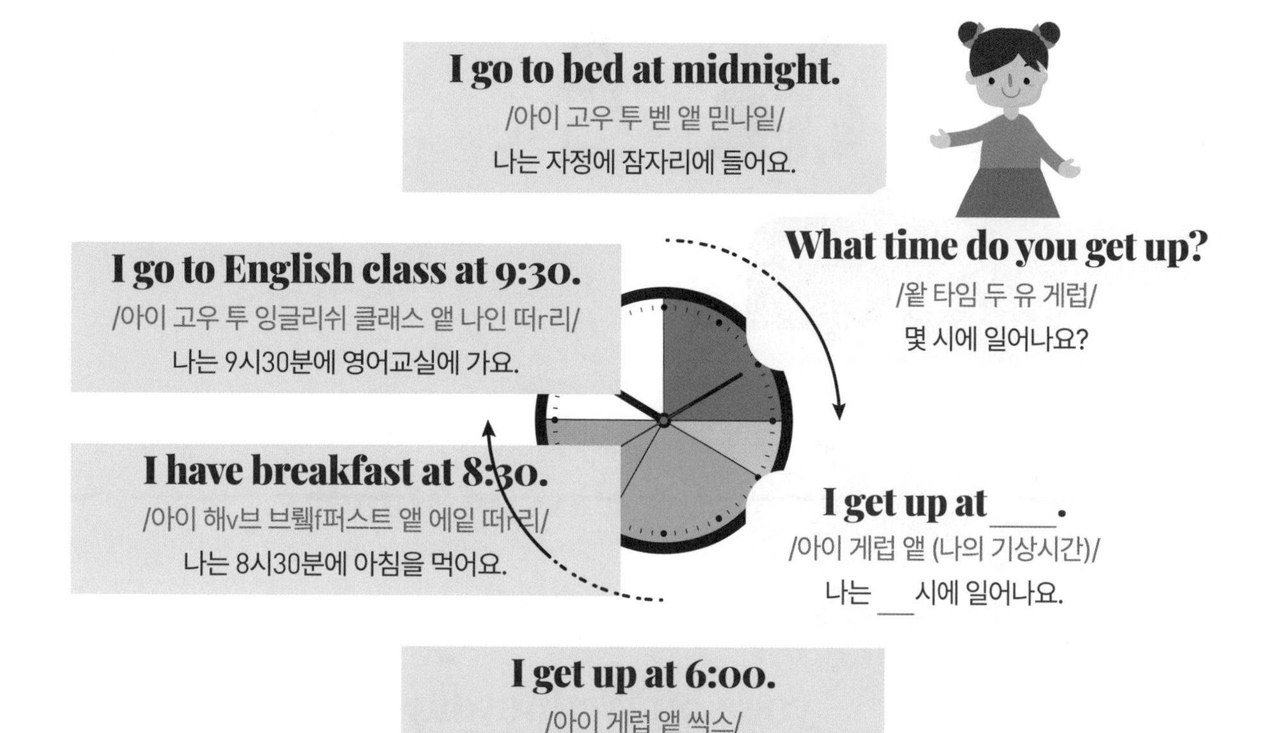

기억해요

1 다음 뜻과 같은 영어 단어를 보기에서 찾아 쓰세요.

take out the trash　visit my son　do the laundry
go to a movie　eat out

1 영화를 보러 가다 (　　　　　　　　)
2 쓰레기를 내다 버리다 (　　　　　　　　)
3 빨래를 하다 (　　　　　　　　)
4 외식하다 (　　　　　　　　)
5 아들을 방문하다 (　　　　　　　　)

다음 달력을 보고 스케쥴을 말해보세요.

SUN	MON	TUE	WED	THU
FRI	SAT			

1
Are you busy on Monday?
Yes, I go to my ______ class on Monday.

2
Are you busy on ______?
Yes, I ______ yoga on Wednesday.

3
Are you busy on ______?
Yes, I go ______ on Friday.

기억해요

1 다음 뜻과 같은 영어 단어를 보기에서 찾아 쓰세요.

take out the trash visit my son do the laundry
go to a movie eat out

1 영화를 보러 가다 (go to a movie)
2 쓰레기를 내다 버리다 (take out the trash)
3 빨래를 하다 (do the laundry)
4 외식하다 (eat out)
5 아들을 방문하다 (visit my son)

✓ 다음 달력을 보고 스케쥴을 말해보세요.

1
Are you busy on Monday?
Yes, I go to my English class on Monday.

2
Are you busy on Wednesday?
Yes, I do yoga on Wednesday.

3
Are you busy on Friday?
Yes, I go swimming on Friday.

쉬는 시간

✓ 미국 기차여행 AMTRAK(앰트랙)

기차여행만큼 낭만적인 것이 또 있을까요? 도심을 떠나 푸른 숲 속과 개울가를 지나 '칙칙폭폭' 달리는 기차 안에서 여유로이 자연을 만끽할 수 있지요.

미국의 대표적인 기차는 '**AMTRAK**(앰트랙)'입니다.
America /어메뤼카/와 **Track** /트랙/의 합성어로
앰트랙을 타면 미국 전역 500여개 도시뿐만 아니라 캐나다까지도
여행 할 수 있습니다.
짧은 기간 안에 많은 곳을 구경하고 싶은 여행객들에게 유용합니다.

앰트랙 안에는 넓직한 짐 보관대와 자전거 거치대 등
편리한 시설이 잘 갖춰져 있을 뿐만 아니라
장기간 여행자를 위한 침대칸, 샤워실, 카페, 식사칸 등도 마련되어 있습니다.

표 구매는 인터넷(www.amtrak.com)으로 예약하고
카드로 지불한 후, 출발일에 해당 역에서 티켓을 받아요.
좌석은 미리 지정할 수도 있고 여행 당일 선택할 수도
있습니다.

시니어, 학생, 어린이 할인과 매주, 계절별로 각종 프로모션이
진행됩니다.

특히 레일 패스를 이용하면 싼 값에 미국 전역과 캐나다까지 티켓 한 장으로
여행할 수 있습니다.

Chapter 019

How much is it?

오늘의 대화

Salesperson **Can I help you?**

캔 아이 헬프 유?

도와드릴까요?

Kay **Yes, please. How much is this smart phone?**

예스, 플리즈. 하우 머취 이즈 디스 스마r트 f포운?

네, 이 스마트폰은 얼마인가요?

Salesperson **It's 96 dollars.**

잍츠 나이니씩스 달러r스

96달러입니다.

오늘의 단어

salesperson /쎄일스퍼r슨/ 판매원

can /캔/ (조동사) ~할 수 있다

help /헬프/ 도와주다

How much? /하우 머취/ 가격이 얼마에요?

smart phone /스마r트 f포운/ 스마트폰

dollar /달러/ (미국 등의) 화폐단위, 달러

✓ 오늘의 표현

1 상점에서 직원이 **"Can(May) I help you** /캔(메이) 아이 헬프 유/**?"**
라고 고객 응대를 할 때
도움이 필요하면 **"Yes, please.** /예스, 플리즈/**"**
그리고 도움이 필요하지 않다면 "괜찮아요, 그냥 구경하는 중이에요."
"No, thank you. I'm just looking. /노 땡큐. 암 줘슽 루킹/**"**
또는 **"I'm just browsing.** /암 져슽 브롸우징/**"**이라고 답합니다.

* **browse** /브롸우즈/ 가게 안의 물건을 둘러보다, 책 등을 훑어보다

2 가격을 물을 때 단수형은 **"How much is it?** /하우 머취 이짙/**"**,
복수형은 **"How much are they?** /하우 머취 아r 데이/**"**라고
물어요.

3 **dollar** /달러/는 미국이나 캐나다 등의 화폐 단위인데
2달러 이상이면 **-s**를 붙여요.

How much are they?

얼마입니까?

가격 묻고 답하기/물건의 이름

1 단어 연습

laptop
/랩탑/ 노트북

sunglasses
/썬글래씨스/ 썬글래스

camera
/캐므러/ 카메라

sneakers
/스니커r스/ 운동화

wallet
/월렡/ 지갑

mittens
/미튼스/ 손모아장갑

✓ 자신있게 말하기

짝과 서로 다음 물건들의 가격을 묻고 답하세요.

1 $220

Lucy — **How much is this camera?**
salesperson — **It's _____ hundred _____ dollars.**

2 $48

Thomas — **How much is this _____?**
salesperson — **It's ___________ dollars.**

3 $62

Emily — **_____ much are these _____?**
salesperson — **They're _____ dollars.**

4 $82

Linda — ______________________________?
salesperson — ______________________________.

정답 1 two/twenty 2 wallet/forty-eight 3 How/sunglasses/sixty-two 4 How much are these sneakers/They're eighty-two dollars.

조금 더 배워요

✓ 지시대명사와 지시형용사

지시대명사는 어떤 특정한 명사를 대신하여 가리키는 명사(대명사)
또는 앞에서 이미 언급한 명사나 어떤 사실을 말하는데
그 종류로는 **this** /디스/, **that** /댙/,
these /디-즈/, **those** /도우즈/가 있어요.

말하는 사람에게 가까운 곳에 있는 단수명사는 **this**, 멀리 있는 단수명사는 **that**,
그리고 말하는 사람에게 가까운 곳에 있는 복수명사는 **these**,
멀리 있는 복수명사는 **those**로 말합니다.
그리고 '**this chair**(이 의자), **that house**(저 집), **these trees**
(이 나무들), **those cars**(저 자동차들)'과 같이
지시사의 뒤에 명사를 함께 붙여 말하면 명사를 꾸며주는 지시형용사가 되지요.

	지시대명사		지시형용사	
가까이 있는 명사 (이것, 이 사람)	**this** /디스/ 이것	**these** /디-즈/ 이것들	**this laptop** /디스 랲탑/ 이 노트북	**these apple** /디-즈 애쁠스/ 이 사과들
	that /댙/ 저것	**those** /도우즈/ 저것들	**that girl** /댙 걸/ 저 여자아이	**these apple** /디-즈 애쁠스/ 이 사과들

_____ **laptop**
_____ **apples**

정답: this/these

_____ **girl**
_____ **boxes**

정답: that/those

기억해요

1 다음 뜻과 같은 영어 단어를 보기에서 찾아 쓰세요.

this smart phone   those pants   that TV
these gloves   that jacket   these rainboots

1 ____________________

2 ____________________

3 ____________________

다음 문장을 완성해 보세요.

1 도와드릴까요? (I / Can / you / help / ?)

____

2 저 썬글래스는 얼마인가요? (are / how / those / sunglasses / much / ?)

____

3 이 노트북은 얼마인가요? (is / laptop / how / this / much / ?)

____

기억해요

정답

1 다음 뜻과 같은 영어 단어를 보기에서 찾아 쓰세요.

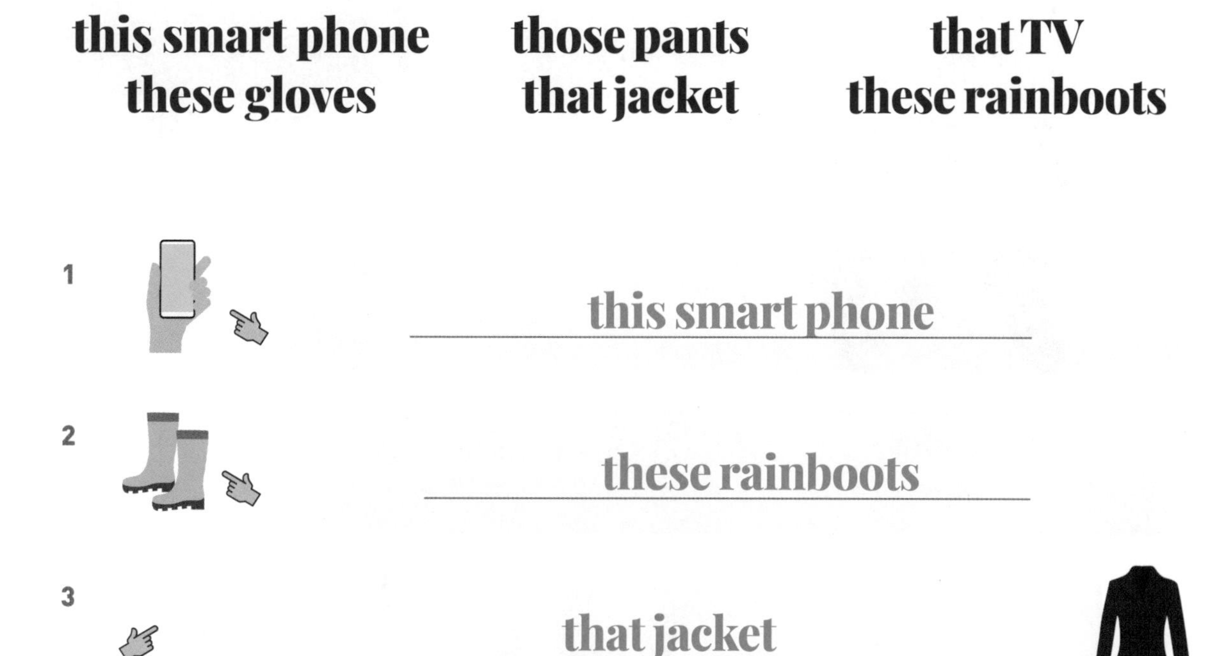

✓ 다음 문장을 완성해 보세요.

1 도와드릴까요? (I / Can / you / help / ?)
Can I help you?

2 저 썬글래스는 얼마인가요? (are / how / those / sunglasses / much / ?)
How much are those sunglasses?

3 이 노트북은 얼마인가요? (is / laptop / how / this / much / ?)
How much is this laptop?

쉬는 시간

✅ 의복과 장신구

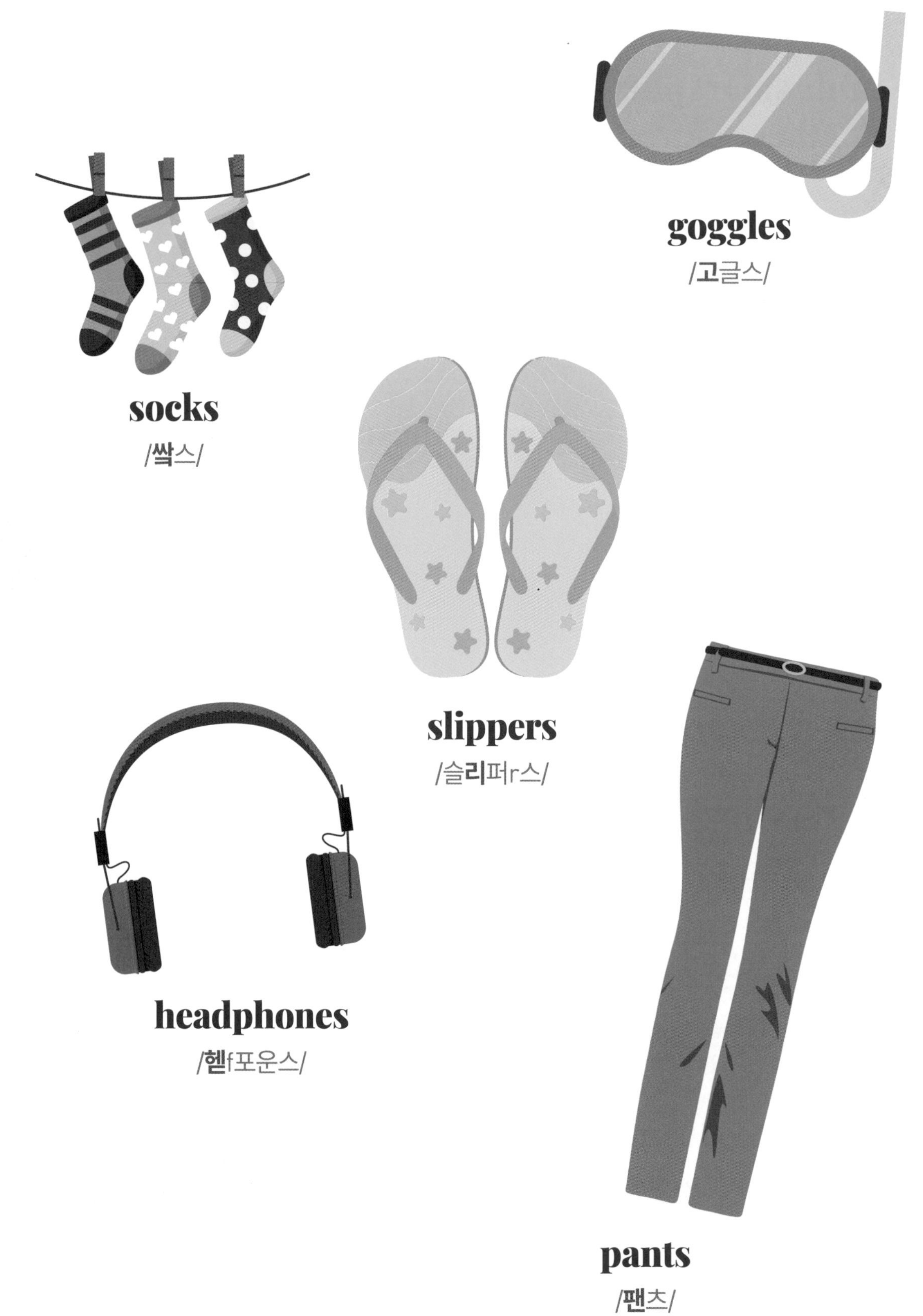
goggles
/고글스/
socks
/싹스/
slippers
/슬리퍼r스/
headphones
/헬f포운스/
pants
/팬츠/

scissors

/씨저r스/

pajamas

/퍼**좌**머즈/

glasses

/글래시스/

sneakers

/스**니**커r스/

gloves

/글**로**우v브스/

Chapter

020 I was busy today.

오늘의 대화

Kay **How was your day today?**

하우 워즈 유어r 데이 트데이?

오늘 하루 어땠어요?

June **I was very busy. How about you?**

아이 워즈 v뤠뤼 비지. 하우 어바웉 유?

저는 너무 바빴어요. 당신은요?

Kay **I was busy too.**

아이 워즈 비지 투.

저 또한 바빴어요.

오늘의 단어

how /하우/ (의문사) 얼마나, 어떻게

your /유어r/ (소유격) 당신의

day /데이/ 하루, 날

today /트데이/ 오늘

very /v뤠뤼/ 매우

busy /비지/ 바쁜

too /투/ (부사) 너무 ...한, ~도 또한

✅ 오늘의 표현

1 의문사 **how** /하우/는 이어 **be** /비/**동사**를 사용하여
과거에 있었던 일이 어땠는지 물어보기 좋습니다.
생일 파티가 어땠는지 궁금하다면
"How was your birthday party?
/하우 워즈 유어r 버r뜨데이 파r리/**"**,
지난 주말을 어떻게 보냈는지 궁금하면
"How was your weekend? /하우 워즈 유어r 위켄드/**"**라고
물어보면 되지요.

2 부사 **very** /v베뤼/는 형용사 **busy** /비지/의 앞에서
그 의미를 더욱 자세히 설명해주는 역할을 합니다.

저는 오늘 바빴습니다.

다양한 감정표현

1 단어 연습

annoyed
/어**노**이드/ 짜증나는

disappointed
/디써**포**인티드/ 실망한

upset
/엎**쎝**/ 화나는, 언짢은

drunk
/드**렁**크/ 술취한

sad
/쌘/ 슬픈

delighted
/딜**라**이릳/ 기쁜

☑ 자신있게 말하기

오늘 하루는 어땠는지 서로 묻고 답하세요.

1

Lucy **How was your day today?**
Linda **I was very ________.**

2

Thomas **How ________ your ________ today?**
Yoko **I was ________ ________.**

3

Emily **________ was ________ ________ today?**
Wang **I ________ very ________.**

4

Linda ______________________________?
You ______________________________.

정답 1 upset 2 was/day/very/delighted 3 How/your/day/was/annoyed
4 How was your day today/I was very disappointed.

조금 더 배워요

✓ 문장을 더 자세하고 실감나게 만들어 주는 부사

부사는 문장에서 형용사, 동사, 부사 또는 때로 문장의 전체를 더 자세하게 설명하고 꾸며 주는 역할을 합니다.
"This bag is too expensive /디스 백 이즈 투 익스펜십/**."**은
"이 가방은 너무나 비싸요."라는 의미인데
부사 **too** /투/는 가방의 가격이 '매우' 비싸다는 것을 설명하지요.
이처럼 부사는 문장에서 필수적인 것은 아니지만 문장을 화려하고 실감나게 표현해요.
부사가 동사를 수식할 때는 동사의 앞에 위치하며,
부사가 형용사나 다른 부사를 꾸밀 때는 해당 단어 앞에 위치합니다.
많은 경우 형용사의 끝에 **'-ly'**를 붙이면 부사가 되는데
그렇지 않고 모양이 완전히 바뀌는 경우도 있어요. 부사를 만드는 규칙을 살펴볼게요.

1. 형용사의 끝에 **-ly**를 붙여요.

   loud /라우드/ 소리가 큰, 시끄러운 — **loudly** /라우들리/ 시끄럽게
   beautiful /뷰러플/ 아름다운 — **beautifully** /뷰러플리/ 아름답게

2. **y**로 끝나는 형용사는 **y**를 **i**로 바꾼 후 **-ly**를 붙여요.

   happy /해피/ 기분좋은, 행복한 — **happily** /해플리/ 행복하게, 만족스럽게
   merry /메뤼/ 즐거운, 명랑한 — **merrily** /메륄리/ 즐겁게, 명랑하게

3. 모양이 완전히 변하는 부사도 있어요.

   good /귿/ 좋은, 착한, 잘 된 — **well** /웰/ 잘, 좋게, 제대로
   · **This is good.** /디스 이즈 귿./ 이것 좋네요.
   · **She dances well.** /쉬 댄시즈 웰/ 그녀는 춤을 잘 춥니다.

4. 형용사와 부사가 모양이 같은 경우도 있어요.

   fast /f패스트/ 빠른 — **fast** /f패스트/ 빠르게
   high /하이/ 높은 — **high** /하이/ 높게

기억해요

1 다음 뜻과 같은 영어 단어를 보기에서 찾아 쓰세요.

hungry	upset	stressed out
delighted	drunk	sad

1 술에 취한 ( )

2 매우 기쁜 ( )

3 스트레스가 심한 ( )

4 슬픈 ( )

5 배가 고픈 ( )

6 언짢은 ( )

✓ 다음 문장을 완성해 보세요.

1 오늘 당신의 하루는 어땠나요? (day / How / your / was / today / ?)

2 나는 매우 배가 고팠어요. (I / very / was / hungry)

3 나는 매우 기뻤습니다. (very / I / was / delighted)

4 나는 매우 언짢았어요. (very / upset / I / was)

기억해요

정답

1 다음 뜻과 같은 영어 단어를 보기에서 찾아 쓰세요.

hungry	upset	stressed out
delighted	drunk	sad

1 술에 취한 (drunk)

2 매우 기쁜 (delighted)

3 스트레스가 심한 (stressed out)

4 슬픈 (sad)

5 배가 고픈 (hungry)

6 언짢은 (upset)

✅ 다음 문장을 완성해 보세요.

1

오늘 당신의 하루는 어땠나요? (day / How / your / was / today / ?)

How was your day today?

2

나는 매우 배가 고팠어요. (I / very / was / hungry)

I was very hungry.

3

나는 매우 기뻤습니다. (very / I / was / delighted)

I was very delighted.

4

나는 매우 언짢았어요. (very / upset / I / was)

I was very upset.

쉬는 시간

감정이나 상황을 표현하는 형용사들

상황에 따라 느끼는 감정을 표현하는 형용사를 더 알아봅니다.

1 **surprised** /써r프롸이즈드/ 놀라운

2 **amazed** /어메이즈드/ 놀라운

3 **scared** /스케어r드/ 두려운, 겁나는

4 **bored** /보어r드/ 지루한

5 **excited** /익싸이티드/ 흥분된, 신나는, 들뜬

6 **shocked** /샥트/ 충격적인

7 **interested** /인터뤠스티드/ 흥미를 느끼는

8 **angry** /앵그뤼/ 화가 난

9 **tired** /타이어r드/ 피곤한

10 **exhausted** /익**조**스티드/ 무척 피곤한

11 **confused** /컨f**퓨**-즈드/ 혼란스러운

12 **happy** /**해**피/ 기분좋은, 행복한

13 **embarrassed** /엠**베**뤄스드/ 창피한, 당황스러운

14 **worried** /**워**뤼드/ 근심스러운

15 **lonely** /**로**운리/ 쓸슬한, 외로운

16 **hungry** /**헝**구뤼/ 배가 고픈

17 **serious** /**씨**r뤼어스/ 심각한, 진담의

부록

알파벳의 이름과 발음

대문자	소문자	이름	소리
A	a	에이	애, 아, 에이, 오, 어
B	b	비-	ㅂ
C	c	씨-	ㅆ, ㅋ
D	d	디-	ㄷ
E	e	이-	이-, 에, 어
F	f	에(f)프	(f)ㅍ
G	g	쥐-	ㄱ, 쥐
H	h	에이취	ㅎ
I	i	아이	이, 어, 아이
J	j	줴이	쥐
K	k	케이	ㅋ
L	l	엘	(을)ㄹ
M	m	엠	ㅁ
N	n	엔	ㄴ
O	o	오우	오/아, 어, 으, 오우
P	p	피-	ㅍ
Q	q	큐-	ㅋ우
R	r	알-	(r)ㄹ
S	s	에스	ㅅ, ㅆ, ㅈ
T	t	티-	ㅌ
U	u	유-	어, 우, 유-
V	v	(v)뷔-	(v)ㅂ
W	w	더블유-	우
X	x	엑스	윽ㅅ, 그즈
Y	y	와이	이, 아이
Z	z	z지-	(z)ㅈ

1. A, E, I, O, U는 모음
2. W, Y는 모음처럼 소리가 나지만 자음

우리말과 다른 영어의 특징

1 영어 알파벳의 자음과 모음

영어 알파벳의 모음은 **Aa** /에이/, **Ee** /이-/, **Ii** /아이/, **Oo** /오우/, **Uu** /유-/의 5개입니다.

모음은 목구멍에서부터 걸림 없이 나오는 소리를 말합니다. 모음의 소리는 일정한 규칙이 있고 앞뒤 글자의 위치 등에 의하여 다양한 소리를 내기도 합니다. 또한 알파벳 26개 중 모음 5가지를 제외한 나머지를 자음이라고 하는데 목구멍에서 나온 소리가 혀나 혀뿌리, 입술, 그리고 치아 등에 걸려 여러 소리를 냅니다. 이 중 **Ww**와 **Yy**는 자음이지만 목구멍에서부터 소리가 날 때 걸림이 없는 소리가 나기 때문에 모음과 같이 취급하기도 합니다.

2 영어의 말의 순서(어순)

영어와 한글은 서로 말의 순서(어순)가 다릅니다. 우리말이 주어 다음에 목적어, 그리고 동사의 순서인 반면 영어는 주어의 다음에 동사를 말하고 그 다음에 목적어를 말합니다. 예를 들면 **"나는 커피를 좋아해요."** 라는 우리말을 영어로는 **"I like coffee."** 즉 **"나는 좋아해요 커피를."**의 순서로 말합니다.

나는 어제 스파게티를 요리했어요. /아이 쿸트 스파게리 예스터r데이/

I cooked spaghetti yesterday.

나는 축구를 좋아합니다. /아이 라잌 싸커r/

I like soccer.

우리말과 다른 영어의 특징

3 영어에만 있는 발음과 강세

영어의 **'f, v, z'**의 소리는 우리말에는 없는 발음으로 정확히 연습하는게 좋습니다.
그리고 우리말과는 다르게 영어는 모음 부분에 강세를 주어 읽어요.
단어마다 상세가 다르니 처음에 연습할 때 신경쓰는 것이 좋습니다. 영어는 끝소리를 강하게 내지 않고 자연스럽게 발음합니다.

boys /**보**이스/ 남자아이들 ———— **voice** /v**보**이스/ 목소리

river /**뤼**v버r/ 강 ———— **liver** /**리**v버r/ 인체의 간

rice /r**롸**이스/ 쌀, 밥 ———— **lice** /**라**이스/, **louse** (곤충) 이의 복수형

fine /f**퐈**인/ 좋은, 훌륭한 ———— **pine** /**파**인/ 소나무

boys
/**보**이스/
남자아이들

voice
/v**보**이스/
목소리

4 항상 대문자로 써야만 하는 것

사람의 이름, 요일, 월, 나라 이름, 지역 이름, 산 이름, 강 이름 등의 고유명사와 문장의 첫 글자는 대문자로 씁니다.

My name is Thomas. /마이 네임 이스 토마스/
제 이름은 토마스입니다.

I like BTS. /아이 라잌 비티에스/
나는 BTS를 좋아합니다.

I went to New York last summer.
/아이 웬(트) 투 누요r크 래스트 써머r/
나는 작년 여름에 뉴욕에 다녀왔다.

착한 왕초보영어

Pure and Simple English as a beginner

초판 인쇄 2023년 6월 10일

저자 최은서·토마스 프레드릭슨
발행인 안광용
발행처 (주)진명출판사
등록 제10-959호(1994년 4월 4일)
주소 서울시 마포구 양화로 156, 1517호(동교동, LG팰리스빌딩)
전화 02-3143-1336
팩스 02-3143-1053
이메일 book@jinmyong.com

총괄이사 김영애
마케팅 김종규
디자인 페이퍼컷 장상호

ISBN 978-89-8010-499-4 03740

한눈에 알아보는 여행영어 꿀팁!

이 한 권이면 영어권 어디든 자신있게

정가 12,000원

틀린 영어 간판을 찾아서
영어 공부를!

한 단어, 두 단어, 세 단어로 구성된 쉬운 생활영어!

정가 10,000원

한 권으로 완벽히 끝내는 기초 문법!

미국 일상생활에서 많이 사용하는 현장 영어를 알고 싶다면!

정가 15,000원

독학 · 학원 강의용으로 만든,
매 챕터마다
연습문제와 복습 문제가!

정가 15,000원

초보분들, 초보의 단계를
지나신 분들, 학교를 졸업한 지
몇 십년 지나신 분들을 위한!

정가 15,000원

미국 현지인들이 즐겨 사용하는 일상언어와 문화!

Jokes! Curses! Idioms! Slang! Culture!

정가 15,000원

초급 비즈니스(서비스) 영어의
일반적인 표현들부터
모든 업종에 필요한 표현들!

숙박업, 항공사, 운송업, 판매업, 금융업, 보안업, 미용업 등

착한 영어 시리즈 11

정가 15,000원

당신의 인생에서 일어나게 될 변화에 대응하는 확실한 방법!

누가

내치즈를 옮겼을까?

스펜서 존슨 지음 | 이영진 옮김

정가 13,500원

(주)진명출판사

July 1st ▸ 27th, 2022

Carl & June's Alaskan Road Trip

Carl과 June의 Alaska 자동차 여행일기

Murrieta, California → Homer, Alaska 7,986 miles (12,777 km) Over 27 days

정가 15,000원

(주)진명출판사